EL LÍDER COACH

STAN TOLER Y LARRY GILBERT

El líder-coach
© 2015 Stan Toler y Larry Gilbert

Publicado por Editorial Patmos, Miami, FL EUA 33169
Todos los derechos reservados.

Publicado originalmente en inglés por Beacon Hill Press of Kansas City.
© 2013 Stan Toler y Larry Gilbert y Beacon Hill Press of Kansas City

A menos que se indique lo contrario, las citas bíblicas se toman de la Nueva Versión Internacional, © 1999 por la Sociedad Bíblica Internacional.

Traducido por Luis Magin Alvarez
Diseño por Luiz Felipe Kessler

ISBN 13:978-1-58802-706-1

Categoría: Liderazgo cristiano

Impreso en Brasil
Printed in Brazil

Segunda impresión marzo 2016

Contenido

Prefacio ◀05

Forme equipos de acción para el ministerio ◀09

Desarróllese como líder ◀30

Para desarrollar habilidades como capacitador ◀51

Forme equipos de acción en la iglesia local ◀80

Cómo afinar los equipos de acción para el ministerio ◀112

Un modelo de equipos de acción para el ministerio ◀134

Notas ◀155

RECONOCIMIENTOS

Gracias a Bonnie Perry, Deloris Leonard, Pat Diamond, Cathy Buchanan, Larry Wilson, Barry Russell, Judi Perry, y a todo el equipo de Beacon Hill Press, de Kansas City.

SUGERENCIAS EN CUANTO A RECURSOS

El propósito de este libro es mejorar su ministerio por medio de la creación de Equipos de Acción para el ministerio; también hay otros recursos que usted puede utilizar para ayudarle a poner en práctica los conceptos enseñados aquí. Esté atento a la sección de Sugerencias en cuanto a recursos que se encuentra al final de cada capítulo, la cual ofrece interconexión con otros materiales útiles. Siga adelante en su crecimiento, aún después de haber terminado la lectura de este libro.

PREFACIO

El gran jugador de baloncesto Michael Jordan consiguió una vez marcar sesenta y cuatro puntos en un juego contra los Orlando Magic, pero su equipo perdió el partido de todo modos. Aunque su capacidad de marcar puntos y sus impresionantes saltos habían convertido a Michael en una superestrella del momento, estuvo en la Asociación Nacional de Baloncesto (NBA) durante seis temporadas antes que su equipo ganara un campeonato. Jordan descubrió que no era muy placentero estar un equipo perdedor. Ser el Novato del Año en 1985 de la NBA fue maravilloso y fue todo un logro ser el mejor marcador de la liga durante siete temporadas consecutivas, comenzando en 1987, pero Michael anhelaba que su equipo ganara un campeonato de la NBA.

Michael tuvo que aprender a dirigir sus sensacionales capacidades hacia la ayuda de su equipo para que éste ganara, en vez de estar él solo simplemente marcando muchos puntos. Cuando comenzó a dedicarse al trabajo de equipo, ayudando a cada uno de sus compañeros a alcanzar todo su potencial, los resultados fueron dramáticos. Antes de retirarse del baloncesto en 1999, Michael llevó a los Chicago Bulls a ganar seis campeonatos de la NBA.

> EL INDIVIDUALISMO GANA
> TROFEOS, PERO EL TRABAJO EN
> EQUIPO GANA CAMPEONATOS
> –Pat Riley

Los líderes de la iglesia necesitan aprender la misma lección. En vez de esforzarse por el "estrellato" personal, deben desarrollar equipos de ministerios dentro de sus iglesias. El concepto de equipo es la estrategia básica para un ministerio eficiente en una iglesia local.

El apóstol Pablo reconoció que los logros de su ministerio se dieron con la ayuda de muchas otras personas. El amor, el aliento, las oraciones y el apoyo económico de tales personas, fueron indispensables para su éxito. (2Co 1.11; 1Co 16.17, 18; Ro 16.1-6; y Fil 2.17-30.) Pablo no consideraba que las personas de sus iglesias eran su *auditorio*, sino más bien sus *colaboradores* (2Co 1.24).

Pablo, al igual que Michael Jordan, tenía tantos dones que, sin duda, tuvo la tentación de prescindir de los demás. El gran apóstol y el famoso jugador de baloncesto no estuvieron en la misma liga, literal y metafóricamente, pero ambos reconocieron que trabajar juntos con otros era la clave para lograr el mayor éxito. Sabían que el camino para la victoria se encontraba más en sus "colaboradores", dando a los demás la oportunidad de triunfar, en vez de marcar ellos solos los puntos. Aprendieron a verse a sí mismos no solamente como jugadores, sino también como capacitadores que podían sacar a la superficie las habilidades que había en sus compañeros de equipo.

> **EL INGREDIENTE PRINCIPAL DEL ESTRELLATO PERSONAL ES EL RESTO DEL EQUIPO.**
> –John Wooden

La Biblia no resalta al ministerio individual, tanto como al ministerio en equipo. Sus páginas están llenas de relatos de grandes colaboraciones: Moisés y Aarón, Caleb y Josué, Ester y Mardoqueo, Esdras y Nehemías, Pedro y Juan, Pablo y Timoteo, Bernabé y Marcos. Incluso los evangelios nos son presentados por un equipo: Mateo, Marcos, Lucas y Juan. Jesús hizo del trabajo en equipo una prioridad en su ministerio terrenal, con su equipo de doce hombres.

Los ministros de las iglesias, recargados de trabajo, pueden utilizar con eficiencia para el ministerio, las habilidades de las personas laicas dotadas de capacidades dadas por el Espíritu Santo. Los pastores pueden aprender la dinámica de una filosofía de Equipo de Acción para el Ministerio que revolucionará a sus equipos locales. Los laicos podrán tener una mejor comprensión de su potencial para guiar a sus comunidades a Cristo, y para edificar su Reino.

Nuestra oración es que usted pueda realizar su trabajo por medio de personas con habilidades que capten su visión para transformar al mundo.

Descubra la alegría de trabajar como un equipo para la gloria de Dios.

CAPÍTULO 1
FORME EQUIPOS DE ACCIÓN PARA EL MINISTERIO

Más valen dos que uno, porque obtienen más fruto de su esfuerzo. Si caen, el uno levanta al otro. ¡Ay del que cae y no tiene quien lo levante! (Ec 4.9, 10 NVI)

Las iglesias deben ser más que centros de entretenimiento los domingos por la mañana para creyentes tibios. Deben ser centros de capacitación donde las personas aprendan a ganar a los perdidos para Cristo. Deben estar creciendo sumando almas al Reino de Dios. Pero las estadísticas demuestran que solo el 20% de nuestras iglesias están creciendo, y menos del 5% crecen por medio de conversiones que por transferencia de miembros. Esta terrible falta de resultados tangibles debe llamarnos a ponernos de rodillas en oración y después de pie para actuar, si las iglesias de Cristo quieren cumplir con la Gran Comisión que nos confió nuestro Señor Jesucristo. La no utilización de equipos eficientes para el ministerio puede ser una de las causas principales.

Roberta Hestenes dijo en la publicación *The Pastor's Update* [Información actualizada para el pastor] del Seminario Teológico Fuller: "Muchas iglesias están estructuradas para mantener en vez de capacitar para el ministerio al pueblo de Dios. Tenemos que examinar nuestras estructuras para que pueda surgir lo nuevo, preservando al mismo tiempo los principios fundamentales de nuestra fe."

La mayoría de los pastores saben en lo más íntimo de sus corazones que no pueden ganar a los perdidos sin la ayuda de nadie. Saben que necesitan tener la participación activa de toda la iglesia. El liderazgo exitoso en la iglesia no tiene que ver con el superestrellato; tiene que ver con la eficiente formación de equipos. Pastores dedicados han sufrido el agotamiento porque nunca aprendieron este principio. Al tratar de hacer el trabajo solos, terminaron de manera muy parecida al albañil que escribió la carta siguiente a una compañía de seguros, para explicar sus heridas:

> Estimado señor:
> Estoy escribiendo en respuesta a su solicitud de más información en cuanto a la sección No. 11 del formulario del seguro, que pregunta: "Causas de las heridas", en la que puse "tratar de hacer el trabajo solo". Usted dijo que necesitaba más información, por lo que confío en que lo que le diré a continuación será suficiente.
>
> Soy albañil de profesión, y en la fecha de las heridas estaba trabajando solo, poniendo ladrillos en lo alto de un edificio de cuatro pisos, cuando de repente me di cuenta de que me sobraban alrededor de 300 kg de ladrillos. En vez de bajar los ladrillos a mano, decidí ponerlos en un tonel y bajarlo con una polea que estaba amarrada a la parte superior del edificio. Aseguré el extremo de la soga al nivel del piso, subí a lo más alto del edificio, puse los ladrillos en el tonel, y lancé al tonel con los ladrillos que había en él. Luego bajé y desaté la cuerda, sosteniéndola firmemente para asegurarme de que el descenso del tonel fuera lento.

Como notará en sección No. 6 del formulario del seguro, yo peso 66 kg. Por la sacudida que sufrí al ser levantado violentamente del piso con tanta rapidez, perdí la claridad de mente y olvidé soltar la soga. Entre el segundo y el tercer pisos me encontré con el tonel que descendía. Esto explica la razón de las heridas y los moretones que tengo en la parte superior del cuerpo.

Después de recuperar la calma, agarré fuertemente a la soga y me dirigí rápidamente al lado del edificio, y no me detuve hasta que mi mano derecha quedó atorada en la polea. Esto explica mi pulgar fracturado.

A pesar del dolor, conservé la serenidad y agarré fuertemente la soga. Pero, casi en el mismo momento, el tonel de ladrillos cayó en el piso y se desprendió el fondo del tonel. Sin el peso de los ladrillos, el tonel pesaba ahora alrededor de 23 kg. Vea de nuevo la sección No. 6, y mi peso.

Como podrá usted suponer, comencé a descender rápidamente. Cerca del segundo piso, me encontré con el tonel vació que subía. Esto explica las heridas de mis piernas y de la parte inferior del cuerpo. Continué descendiendo un poco más lento, y caí en el montón de ladrillos. Afortunadamente, solo sufrí una torcedura en la espalda, y las heridas internas fueron mínimas. Sin embargo, lamento decirle que, en ese momento, perdí de nuevo la calma, y solté la soga. Como puede imagina, el tonel vacío me cayó encima.

Confío estas respuestas a su cuidado. Entienda, por favor, que estoy arruinado por "tratar de hacer el trabajo solo".

Atentamente.

El albañil descubrió de una manera dolorosa lo que los líderes de las iglesias están aprendiendo: Que tratar de hacer el trabajo solo puede ser una empresa peligrosa.

¿POR QUÉ FORMAR EQUIPOS DE ACCIÓN PARA EL MINISTERIO?

Se han dado varias definiciones en cuanto al concepto de ministerio de equipos. Chuck Bowman dice con frecuencia: "Un equipo es dos o más personas que tienen dos cosas en común: Una misma meta y una buena comunicación." John Katzenback y Douglas Smith dan más detalles cuando escriben: "Un equipo es un número pequeño de personas con habilidades que se complementan, dedicados a un propósito común, a metas de éxito, y a una conducta que les hace responsables unas a otros." R. Daniel Reeves lo dice de esta manera: "El ministerio de equipos es la visión autogenerada y que les pertenece, en la que sus miembros llevan a cabo los planes que ellos han concebido o en los cuales tuvieron una parte en cuanto a su conceptualización"[2]. Básicamente, el ministerio de equipos se refiere a un grupo de líderes de la iglesia que trabajan juntos con el propósito de edificar el Reino de Dios. Estos Equipos de Acción para el ministerio serán vitales para el éxito de la iglesia en este nuevo siglo.

La clave para entender el valor de los Equipos de Acción para el ministerio se encuentra en la palabra "acción". Estos equipos existen para poder lograr algo. Los Equipos de Acción para el ministerio tienen tres características importantes.

Visión y valores comunes

Cuando los líderes trabajan juntos en objetivos comunes se crea una sinergia poderosa. "¡Mirad cuán bueno y cuán delicioso es habitar los hermanos juntos en armonía!... Porque allí envía Jehová bendición y vida eterna" (Salmo 33.1, 3). Cada Equipo de Acción para el Ministerio necesita entender plenamente la obligación de la iglesia: "Por tanto, id, y haced discípulos a todas las naciones, bautizándolos en el nombre del Padre, y del Hijo, y del Espíritu Santo; enseñándoles que guarden todas las cosas que os he mandado; y he aquí yo estoy con vosotros todos los días, hasta el fin del mundo. Amén." Y toda iglesia debe comprender que este propósito fundamental dado por el Señor no puede lograrse sin unidad de propósito y del esfuerzo de un equipo consagrado. En otras palabras, ¡la iglesia tiene que organizarse para el trabajo!

Modelos bíblicos

El ministerio se lleva a cabo mejor en combinación con otros creyentes. La iglesia debe volver a la norma bíblica que caracterizó tanto a la iglesia del primer siglo: "No dejaban de reunirse en el templo ni un solo día. De casa en casa partían el pan y compartían la comida con alegría y generosidad, alabando a Dios y disfrutando de la estimación general del pueblo. Y cada día el Señor añadía al grupo los que iban siendo salvos" (Hch 2.46, 47 NVI).

Impulsada por su rápido crecimiento, la iglesia de Jerusalén adoptó por necesidad un estrategia de equipo para enfrentar las exigencias cada vez mayores.

En aquellos días, como creciera el número de los discípulos, hubo murmuración de los griegos contra los hebreos, de que las viudas de aquéllos eran desatendidas en la distribución diaria. Entonces los doce convocaron a la multitud de los discípulos, y dijeron: No es justo que nosotros dejemos la palabra de Dios, para servir a las mesas. Buscad, pues, hermanos, de entre vosotros a siete varones de buen testimonio, llenos del Espíritu Santo y de sabiduría, a quienes encarguemos de este trabajo. Y nosotros persistiremos en la oración y en el ministerio de la palabra. Agradó la propuesta a toda la multitud; y eligieron a Esteban, varón lleno de fe y del Espíritu Santo, a Felipe, a Prócoro, a Nicanor, a Timón, a Parmenas, y a Nicolás prosélito de Antioquía; a los cuales presentaron ante los apóstoles, quienes, orando, les impusieron las manos. Y crecía la palabra del Señor, y el número de los discípulos se multiplicaba grandemente en Jerusalén; también muchos de los sacerdotes obedecían a la fe. Y Esteban, lleno de gracia y de poder, hacía grandes prodigios y señales entre el pueblo (Hch 6.1-8).

Obviamente, una estrategia de equipo le permitió a la iglesia de Jerusalén ser mucho más eficiente de lo que hubiera sido de otro modo. Que podamos tener este mismo resultado en nuestras iglesias hoy: "Y crecía la palabra del Señor, y el número de los discípulos se multiplicaba grandemente."

Productividad mayor
Juntos se puede lograr más que actuando separadamente. "Más valen dos que uno, porque obtienen más fruto de su esfuerzo" (Ec 4.9). Dos grandes personajes del Antiguo Testamento, Moisés y Aarón, ejemplifican este principio. Como usted sabe, Moisés era habilidoso en el liderazgo, pero no un buen comunicador. Sin embargo, lo que le faltaba a Moisés en cuanto a comunicación, lo tenía Aarón de manera destacada. Como equipo, condujeron al pueblo de Dios en su marcha a la tierra de promisión. ¡Dos valieron más que uno!

Igual sucede en la iglesia. El liderazgo disciplinado debe delegar responsabilidades basándose en las habilidades individuales, con la determinación de alcanzar una meta común. Hay seis maneras específicas en las que la eficiencia del ministerio es mayor por medio de los Equipos de Acción:

- Amplían el poder de la información y de las ideas por medio de redes de participación.
- Crean comunidad, respondiendo así a la necesidad psicológica y espiritual de las personas de estar con otras.
- Aumentan las oportunidades de ministerio por medio de la especialización, al enfocarse en los dones espirituales.
- Hacen posible un aprendizaje mayor y que produzca toma de decisiones.
- Crean sinergia, que se basa en las posibilidades mayores y en el potencial de interconectar los dones espirituales y los ministerios.
- Ayudan a la iglesia a superar el efecto latente o residual de las predisposiciones particulares.

No solo programas y comités nuevos
El cambio a un ministerio con equipos no debe enfocarse como si fuera un trote vespertino corto. No se trata simplemente de otra rutina de ejercicio o de un programa que se añade a la lista de cosas por hacer que ya se tiene. Antes de intentar este cambio, debemos primero crear enfoque, compromiso y cimiento espiritual.

La cuestión central en el cambio al ministerio con equipos, es descentralizar el liderazgo. Aunque los comités tradicionales implican el trabajo unido de las personas, ellos se forman por lo general mediante el reclutamiento de quienes forman partes de otros comités, y eso con frecuencia les resta efectividad.

Un estudio hecho por "Enfoque a la familia" entre pastores de treinta y seis denominaciones diferentes reveló que las expectativas poco realistas de los comités de las iglesias eran una fuente importante de frustración. ¿Pudiera ser que la mayor parte del agotamiento y la tensión entre los pastores tiene su origen en las muchas horas que pasan reunidos con comités que apenas muestran logros de poca importancia? De nuevo, Roberta Hestenes apunta: "Tenemos que controlar implacablemente el número y la calidad de las reuniones si queremos evitar el "síndrome del pastor aletargado". Si nuestras reuniones pueden transformarse en el trabajo efectivo de equipos, veremos a Dios renovar, edificar y utilizar a nuestra gente de una manera más útil y efectiva."

Un comité especial de personalidades fue designado para reunirse con el gran misionero Albert L. Schweitzer en la visita que hizo a Estados Unidos en la década de los años 50. A su llegada, los distinguidos miembros del comité alineados en el andén de la estación ferroviaria notaron que el médico parecía estar mirando más allá de ellos hacia la multitud. Para gran consternación del comité de bienvenida, alguien más había llamado su atención.

Con un rápido apretón de manos, Schweitzer se disculpó y se dirigió adonde estaba una anciana entre la multitud, que estaba luchando con una maleta grande. Recogió el equipaje de la mujer, y la condujo a través de la multitud, más allá del comité de bienvenida, hasta los escalones del vagón de pasajeros del tren. El doctor Schweitzer la ayudó a subir los escalones, a introducirse en el vagón, y puso su pesada maleta en el portaequipajes de arriba. Después, regresó donde estaba el distinguido comité y se disculpó por la espera. El comité de bienvenida tenía un *interés*, pero el doctor Schweitzer tenía una *causa*. Lamentablemente, muchos comités de la iglesia tienen un interés en vez de una causa bíblica. Se dedica muy poco tiempo al avance del Reino mediante la comunicación de la visión, de la planificación estratégica, o de la evangelización y el discipulado. En realidad, a medida que la iglesia crece, se vuelve cada vez más difícil ser dinámica en estas áreas vitales del ministerio. ¿Por qué razón? Porque el pastor y los otros miembros a sueldo del personal quedan atrapados por los acostumbrados programas tradicionales.

Adicionalmente, las iglesias que funcionan bajo el sistema de comités crecen usualmente solo al nivel de energía del pastor principal. Cuando el pastor se agota, la iglesia pierde cualquier dinamismo que ha logrado, y esto normalmente da como resultado desánimo y baja moral en la iglesia. Pero los Equipos de Acción para el ministerio son mucho más efectivos.

En su libro, *Team Building: An Exercise in Leadership* [Formación de Equipos: Un ejercicio en cuanto a liderazgo], Robert B. Maddux hace una diferencia entre grupos y equipos. Mientras que los equipos se caracterizan por estar formados por miembros que reconocen su interdependencia y sus objetivos comunes, los grupos son simplemente, por lo general, un grupo de personas que trabajan independientemente, aunque están juntas. Mientras que los miembros de un equipo tienen un sentido de propiedad, los miembros de un grupo se ven a sí mismos más como "ayudantes", ya que no están involucrados en la planificación de los objetivos del grupo.

Maddux cita, además, una investigación hecha en veinte minas de carbón. El estudio ilustra la productividad mayor que se logra al ir más allá del estándar del grupo, al trabajo efectivo

Forme equipos de acción para el ministerio ◄ 17

en equipos. Las minas estaban en la misma estructura geológica, eran explotadas por el mismo grupo de trabajadores, y estaban sujetas a las mismas regulaciones del gobierno. La productividad se medía por las toneladas de carbón producidas por trabajador y por turno. La mina que tuvo la mayor productividad producía 242 toneladas por trabajador, con contraste con la más baja, que producía 48 por trabajador.

El estudio llegó a la conclusión de que la diferencia fundamental en las minas estuvo en la manera que la gerencia de la empresa trabajaba con los empleados. Las minas más productivas dieron a los trabajadores mucha más responsabilidad individual y participación en la fijación de metas y en la solución de problemas.

Aunque la formación de equipos para el ministerio puede ser difícil, la satisfacción final sobrepasa los problemas inherentes al crecimiento. He aquí algunos de los beneficios que se logran con la formación de equipos sólidos para el ministerio:

- Una mayor participación de los laicos
- La disposición de hacer las cosas de una manera diferente
- La pertenencia del equipo en vez de la pertenencia individual
- Un clima estimulante en el cual servir
- Unidad y entusiasmo
- Un enfoque claro del ministerio
- La motivación como la norma

El mundo natural ofrece varios ejemplos en cuando al liderazgo compartido. Los ingenieros han utilizado túneles aerodinámicos para determinar la razón por la que las bandadas de gansos siempre vuelan en formación de V. Han descubierto que cada ganso, cuando bate sus alas, crea una sustentación para el otro ganso que vuela a su lado en la formación. De este modo, toda la bandada gana más de 70% de autonomía de vuelo, que un ganso volando solo. En el momento oportuno, el ganso líder retrocede de la posición de la punta, y otro asume la delantera sin romper la formación. Cada ganso toma la delantera durante un largo vuelo migratorio. Cada uno contribuye con su habilidad especial apara la eficiencia general de la bandada. También hay que señalar que los gansos que van detrás dan graznidos para animar al que va en la punta.

Efesios 4 y el mundo corporativo

En la mayoría de las iglesias locales está sucediendo una crisis hoy en día. El equipo pastoral y los laicos dedican muchas horas, pero ven pocos resultados duraderos. En Efesios 4.11-13, el apóstol Pablo describe la función fundamental de los líderes. Según el versículo 12, ellos preparan a los santos para el trabajo del ministerio, para la edificación del cuerpo de Cristo, hasta que todos lleguemos a la unidad de la fe y del conocimiento del Hijo de Dios, a un varón perfecto, a la medida de la estatura de la plenitud de Cristo.

Los pastores de las iglesias que crecen, ya han descubierto que el trabajo del ministerio pastoral simplemente es demasiado para que una sola persona se ocupe de él. Como han señalado Ronald E. Merrill y Henry D. Sedgwick, "[Las iglesias] más allá de cierto tamaño [cerca de 150 miembros] no pueden ser atendidas por una sola persona; se requiere un equipo administrativo."[1] Aunque la mayoría de los pastores no han enseñado mucho en cuanto a los equipos para el ministerio, es crucial que aprendan cómo formar equipos exitosos para la salud a largo plazo de una iglesia que crece.

El mundo corporativo muestra algunas de las mejores maneras para el funcionamiento de los equipos. Muchos líderes de empresas ya han descubierto la ventaja del trabajo en equipo, sin darse cuenta que ese es un principio establecido en las páginas de la Biblia hace miles de año. Sin embargo, los líderes de la iglesia deben apresurarse a reconocer la importante diferencia que hay entre los equipos del mundo de los negocios, y los equipos para el ministerio de la iglesia local. Según R. Daniel Reeves, lo que creen fundamentalmente los líderes de la iglesia es la base para el ministerio con los equipos: Nuestras convicciones en cuanto a la humildad y la humillación proceden de Dios, no de la psicología popular. La oración y el estudio de la Palabra de Dios, no los libros sobre teoría administrativa, crean la pasión por el ministerio con equipos, y provocan en nosotros el deseo de rendirnos a la voluntad de Dios. Él es el iniciador y preservador de relaciones saludables y funcionales en el equipo.²

ESTILOS DE EQUIPOS

Aunque la Biblia debe ser siempre nuestra base para el modelo de equipo, el mundo corporativo puede enseñarnos algunas lecciones prácticas en cuanto a cómo funcionan los equipos de liderazgo. Notemos tres estilos de equipos diferentes del mundo empresarial.

Equipos de empleados
En las empresas que cuentan con equipos de empleados, hay alguien clave que toma las decisiones en cuanto a políticas y objetivos. Esta persona tiene el control final, y el equipo trabaja literalmente para ella. Hay dos preguntas importantes que se hacen en cuanto a tratar de usar ese modelo en el contexto de una iglesia: (1) ¿Quiere usted, realmente, como el pastor principal, tener todo ese control? y (2) ¿Es esta la clase de liderazgo y de filosofía de discipulado que quiere fomentar? El mundo empresarial y la iglesia tienen en común una cosa: La clave para tener equipos de empleados efectivos, es dar a cada miembro del equipo el sentimiento de que está haciendo algo importante.

Asociaciones en pequeña escala
En el mundo empresarial de asociaciones en pequeña escala, el líder cede parte de su control. De esta manera, puede tener la ayuda de los miembros del equipo que tienen un verdadero interés en el éxito de la organización. En comparación con los

miembros de un equipo de empleados, los colegas en este tipo de organización tienen, por lo general, una motivación mayor.

Grandes empresas
En las grandes corporaciones, los equipos formados por personas talentosas tienen el potencial de lograr grandes cosas si son capaces de funcionar bien como un equipo. Los equipos de alto nivel del mundo empresarial necesitan tener un líder seguro de sí mismo, y la sensación de que todos los miembros del equipo tienen el mismo derecho de propiedad.

Poner freno al fracaso antes de que éste comience
La mayoría de las empresas nuevas fracasan dentro de los primeros cinco años de su creación. La razón del fracaso se debe, por lo general, a la incapacidad de los dueños de liderar y administrar. Estos hombres de negocios no son capaces de manejar los recursos que están a su disposición. No administran bien su tiempo y su dinero, y lo que es más importante, no son capaces de dirigir y utilizar a las personas que habían conseguido para que les ayudaran a llevar a cabo sus sueños y sus metas.

En el otro lado del espectro, la mayoría de las empresas exitosas nunca cumplen los sueños que sus dueños y fundadores concibieron. De nuevo, la falta de capacidad para guiar y utilizar a las personas pone limitaciones sin control a estos hombres de negocios. El tamaño de cada empresa está regulado por la capacidad de dirección de su dueño.

Como líderes del ministerio, podemos ser tentados a no dar importancia a los principios que hay en el manejo de las empresas seculares. No obstante, muchos de estos principios son bíblicos, y tan válidos en la iglesia como en cualquier empresa. La mayoría de las personas reconocería que el tamaño de cualquier iglesia también es regulado por la capacidad de liderazgo de su pastor.

El liderazgo no es algo que comienza en el extremo inferior del espectro, y que luego crece todo el tiempo hasta llegar a su punto más alto. El liderazgo se desarrolla en etapas. Para que los hombres de negocios (o los pastores) amplíen su capacidad de liderazgo, tienen que crecer dentro de esas etapas.

ETAPAS DEL LIDERAZGO

Etapa 1: El dueño/operador

La primera etapa del liderazgo en el mundo empresarial es la de *dueño/operador*. Alguien se introduce en el mundo de los negocios por sí solo, y hace lo que tenga que hacerse. Esta persona es dueño del negocio y lo opera: hace el producto, realiza todo el trabajo de oficina, barre los pisos, limpia los retretes, hace todo lo que hay que hacer. El dueño/operador es, por lo general, un emprendedor, una persona que está dispuesta a atreverse, a correr todos los riesgos.

En la iglesia, la primera etapa puede ser llamada plantación de iglesia. El plantador de iglesia comienza una iglesia, o simplemente se encarga de una iglesia pequeña y hace básicamente lo mismo que el dueño/operador de un negocio. Esa persona se encarga del "negocio" de la iglesia: Prepara y predica los sermones, sirve como el superintendente y profesor de la escuela bíblica. Básicamente, a semejanza del dueño/operador de un negocio, el plantador de iglesia hace todo lo que haya que hacer en la iglesia. En esta etapa del juego, esto puede estar bien. El plantador de iglesia puede ser la única persona calificada para hacer el trabajo, y el trabajo tiene que hacerse. Sin embargo, este rol sin la ayuda de nadie no debe continuar durante toda la vida.

Etapa 2: El propietario

La segunda etapa, la de *propietario*, tiene el mismo efecto, tanto para el hombre de negocios, como para el pastor-líder. Ambos entienden que no pueden hacerlo solos, sin ayuda. ¿Cómo lo saben? Muy sencillo: Porque sus cónyuges están amenazando con dejarles. Su tiempo lo consumen su negocio o su iglesia.

Ya no tienen tiempo para su familia ni para otras actividades. Entienden que no pueden trabajar veinticuatro horas diarias, y pronto llegan a la conclusión de que si su negocio (o su ministerio) va a prosperar, necesitan tener un equipo. Tienen que delegar algunas de estas tareas a otros.

Sin embargo, en vez de pasar totalmente a la etapa 2 y convertirse en gerentes, muchos hombres de negocios caen equivocadamente en lo que se llamada la *trampa del fundador*, y se convierten en propietarios. (La palabra *propietario* es asociada normalmente con negocios más pequeños.) Los propietarios toman la decisión de contratar personas que les ayuden. El propietario cae en la trampa del fundador, porque no ha aprendido a formar un equipo. Cuando el propietario contrata ayudantes, eso es todo lo que necesita, ayudantes. El jefe sigue frente al volante del camión; el ayudante lo acompaña para pasarle las herramientas. El jefe sigue haciendo el trabajo administrativo; el ayudante "colabora" en la actividad de la oficina. Lo que no hace el propietario, es utilizar los puntos fuertes del ayudante. A éste se le dan solamente algunas labores desagradables, como limpiar el retrete, abastecer los estantes o simplemente "ayudar" con las tareas.

Si el hombre de negocios no aprende a desarrollar un equipo, y mantiene a cambio la misma relación con uno, dos o tres ayudantes, el crecimiento de su negocio se verá obstaculizado, porque el crecimiento seguirá girando directamente alrededor de la actividad funcionamiento del dueño. En esencia, el dueño se ha convertido en el factor limitante del tamaño del negocio.

En el ministerio de la iglesia, los pastores caen también en la trampa del fundador y se convierten en lo que llamamos servidores de Efesios 4. En vez de convertirse en líderes de su pueblo, su rol se limita a ser siervos de su pueblo. Otra vez, todo gira alrededor de los pastores, y ellos se convierten en el factor limitante en cuanto al tamaño de sus iglesias.

Para el hombre de negocios que no es atrapado en la trampa del fundador, el paso o la etapa siguiente debe ser convertirse en gerente. Los gerentes contratan a un equipo para que éste trabaje para ellos. Ellos preparan y guían a su equipo para que éste lleve a cabo del propósito de la organización.

En la iglesia, la etapa siguiente del pastor es convertirse en un pastor de Efesios 4, que guía, alimenta y equipa al pueblo. En Efesios 4.11, 12 se mencionan varios dones, entre ellos de pastor-maestro: "Y él mismo constituyó a unos, apóstoles; a otros, profetas; a otros, evangelistas; a otros, pastores y maestros, a fin de perfeccionar a los santos para la obra del ministerio, para la edificación del cuerpo de Cristo." El pastor ha sido dado para la preparación de los santos para la obra del ministerio. Eso significa que el pastor está capacitando a los santos, formando equipos con los miembros para la obra del ministerio, de modo que el cuerpo de Cristo pueda ser edificado. En otras palabras, el pastor (capacitador) prepara al equipo para que los miembros puedan hacer la obra del ministerio.

En vez de contratar personal, como el hombre de negocios, el pastor de Efesios 4 aprovecha el potencial ya disponible, los laicos, un equipo de cristianos con dones para servir al Señor. El pastor (capacitador) los entrena para que utilicen estos dones. Esto proporciona todo lo que el grupo necesita. Cuando el pastor ya no pueda liderar al grupo solo, entonces, y solamente entonces, debe emplear personal adicional.

Los pastores de Efesios 4 son mayordomos de los dones, talentos y capacidades de las personas confiadas a su cuidado. Un verdadero pastor de Efesios 4 dice: "Yo no estoy aquí para hacer el trabajo del ministerio solo. Estoy aquí para equipar a mi gente, para formarlos, ejercitarlos y educarlos, de modo que estén capacitados para el ministerio." El trabajo de los pastores de Efesios 4 es doble: (1) desarrollar los dones de su equipo, y (2) ofrecer áreas de servicio donde ellos puedan ejercitar esos dones. A medida que la iglesia crezca, se necesitará más ayuda. Para evitar el empleo prematuro de personal, los pastores deben primero conseguir la ayuda en sus congregaciones. Si emplean a más personal antes de eso, estarán enviando a la iglesia en la dirección equivocada; lo que deben hacer es capacitar a su personal para que hagan lo mismo que ellos están haciendo, la obra del ministerio, en vez de involucrar a los laicos. En el mejor de los casos, estarán creando una iglesia espectadora.

Aunque el pastor aprenda cómo capacitar a los laicos para el ministerio, puede llegar el momento en que los pastores de Efesios 4 ya no podrán entrenar y conservar a todos los laicos en su ministerio. Ese pastor deberá, a la larga, convertirse en un pastor con personal múltiple, trabajando con los laicos y capacitándolos para ministrar primero. Entonces, cuando el personal a sueldo sea añadido, todos ellos estarán yendo en la misma dirección. El personal agregado continuaría lo que comenzó el pastor, capacitando y liderando a los laicos para que hagan la obra del ministerio.

Etapa 3: El ejecutivo
En las empresas, la siguiente etapa es la *ejecutiva*. Básicamente, el trabajo del ejecutivo es dirigir personas. El ejecutivo estudia, analiza, da dirección y motiva, dirigiendo al equipo por medio de los gerentes. Éstos, a su vez, dirigen al personal.

Por el lado de la iglesia, la etapa 3 involucra al pastor con personal múltiple, que delega responsabilidades al personal. El personal supervisa al equipo de la iglesia, los laicos. Cuando el pastor dice: "Personal, esto es lo que necesitamos hacer", quiere que entiendan que tiene que hacerse. Los pastores deben delegar en los laicos antes de delegar en alguien del personal, y deben enseñar a su personal a hacer lo mismo. De esta manera, los laicos se convierten en una extensión del ministerio del personal del pastor.

CÓMO LLEGAR A LA FASE SIGUIENTE

Los pastores deben crecer para pasar de una fase a la siguiente. Pero no pueden pasar con éxito de la etapa de plantadores de iglesias, directamente a la fase de personal múltiple. De acuerdo a Efesios 4, capacitando a otros es la única manera de convertirse en un verdadero pastor. Los pastores capacitan al equipo ministerial, y los miembros descubren cuáles son sus dones y entienden dónde encajan en el ministerio de la iglesia. Los pastores-capacitadores comprenden también que poner en actividad los dones de los miembros es parte de un esfuerzo de equipo con el resto del cuerpo de Cristo, haciendo posible el desarrolo dinámico de los ministerios tanto dentro de la iglesia como también afuera, ministrando a un mundo perdido.

Para algunos, formar estos equipos puede parecerles una tarea enorme e intimidante que funciona solamente con pastores que ya han tenido éxito. Pero ese no tiene que ser el caso. La formación de equipos puede darse, y debe darse, con cualquier pastor, independientemente de la ubicación o del tamaño de la congregación. Sin embargo, el primer paso que debe dar un pastor para formar un equipo, es comenzar en sí mismo como un capacitador que dirige a un grupo de equipos especiales, no un siervo que trata de dar respuesta a todas las necesidades de la congregación. Aun antes que se formen los equipos, el pastor debe tener un concepto claro de lo que significa funcionar como un pastor-capacitador.

En *Leadership Today* [(Liderazgo hoy], una serie denominacional de televisión de la cual fui anfitrión durante varios años, Dale Galloway señaló que los equipos formados por laicos podían realizar la mayor parte de las funciones que habitualmente ocupan la agenda de la mayoría de los pastores.

Dale dijo: "Hay diez actividades del ministerio que copan el día de un pastor." Vea la lista que sigue, y marque solamente las actividades que los laicos no pueden hacer por el pastor.

- Orar por la congregación
- Interesarse por los enfermos
- Discipular otros creyentes
- Capacitar líderes para el ministerio
- Estudiar y enseñar la Biblia
- Hablar a otros de Jesús
- Representar a la iglesia en eventos de la comunidad
- Visitar los recién llegados a la iglesia
- Hacer diligencias para la oficina de la iglesia
- Alentar a personas que están teniendo dificultades

¡Si los pastores compartieran su ministerio basándose en los dones de los equipos de laicos, dados por el Espíritu, no creo que encontraríamos nada que ellos no pudieran hacer en el ministerio! La historia de la iglesia enseña que siempre que los clérigos se convierten en la élite "hacedora" del ministerio, las congregaciones que sirven se estancan y mueren.

Al examinar un poco la historia de la iglesia, por el año 300 d.C., la iglesia estaba creciendo tan rápidamente, que posiblemente el mundo entero podría haber sido convertido en los doscientos años siguientes. Pero el emperador romano Constantino cometió un error casi fatal. Decretó que todos los habitantes del Imperio Romano eran ya "cristianos". Las personas que no conocían realmente a Cristo, no podían presentar a Cristo a las demás.

Una élite clerical y un laicado pagano detuvieron el crecimiento del cristianismo. Por el contrario, cuando los creyentes en Cristo laicos se unieron unos con otros, y con el clero, en un provechoso ministerio con equipos, la iglesia avanzó.

Quizás usted debiera colgar en una pared de su oficina este útil acrónimo, como un recordatorio de la productividad que se tiene con un ministerio con equipos – (la palabra en inglés, en paréntesis):º

T – (*together*) juntos
E – (*everyone*) todos
A – (*achieve*) logramos hacer
M – (*more*) más
M – (*ministry*) ministerio

DEFINIR LA VISIÓN DEL TRABAJO CON EQUIPOS

Formar equipos no es algo que sucederá automáticamente. El pastor debe tener una visión clara de lo que esto significa. Piense en estos cuatro objetivos de un ministerio con equipos en la iglesia local:

- Organizar el equipo para descubrir y llevar a cabo la Gran Comisión
- Capacitar al equipo para alcanzar a la comunidad para Cristo
- Comunicar a la congregación los logros del ministerio
- Relacionarse unos con otros de una manera que agrada a Dios

Ya sea que estemos dispuestos mentalmente o no, estamos al borde de un cambio importante en la manera como hacemos iglesia. Esta reforma es absolutamente necesaria si la iglesia ha de ministrar efectivamente hoy. Melvin Steinbron, después de observar durante cuatro décadas los cambios referentes al papel de los laicos en el ministerio, llegó a esta conclusión: "En la primera reforma, la iglesia dio la Biblia a la gente. En la segunda, la iglesia dio el ministerio a la gente." Elton Trueblood, un escritor pionero en cuanto a la necesidad del ministerio hecho por laicos, escribió en términos aún más fuertes: "Si la iglesia promedio tomara de repente con seriedad el concepto que cada miembro laico, hombre o mujer, es realmente un ministro de Cristo, podríamos tener algo parecido a una revolución en un tiempo muy corto."

Generación	Alcanzados para Cristo
Héroes - Los nacidos antes de 1946	65%
Profetas - Los nacidos entre 1946 y 1964	35%
X - Los nacidos entre 1964 y 1977	15%
Y - Los nacidos entre 1977 y 1994	4%

El 81% de los cristianos recibieron a Cristo antes de cumplir veinte años de edad, y los más jóvenes (generación Y) a una edad mayor. Esto indica que de no producirse algunos cambios drásticos, tenemos muy pocas probabilidades de alcanzar para Cristo a gran parte de las generaciones más jóvenes.

El tema del cambio fue tratado en el boletín de la Red de Crecimiento de la Iglesia McIntosh: "Los cambios menores son modificaciones pequeñas hechas sin un cambio correspondiente en la percepción de la realidad. Los cambios mayores se producen cuando las personas desarrollan una nueva perspectiva de maneras nuevas... El cambio transformacional se produce solamente por medio de una modificación radical en la creencia y la práctica."[3] Llegó la hora del *cambio transformacional*. Es hora de pensar de una nueva manera en cuanto al ministerio de la iglesia. Es hora de formar a una hueste de *entrenadores* (pastores de Efesios 4), quienes llamarán a sus *jugadores* (personas laicas) de su zona cómoda del banco, a la zona de valerosidad del campo de juego para influenciar a nuestro mundo para Cristo, mientras haya tiempo todavía.

Sugerencias para la formación de equipos
- Compartir la misión, la visión y los valores de los equipos en una reunión de retiro anual.

- Preguntar a los colaboradores del ministerio con equipos qué puede usted hacer para ayudarlos a hacer un trabajo mejor.
- Dar refuerzo positivo a las destrezas mejoradas y desarrolladas.
- Poner al día con frecuencia a los miembros en cuanto al avance del ministerio.
- En vez de: "¡Excelente idea, pero no es para nosotros!", diga: "¡Una idea excelente; vamos a probarlo!"
- Recuerde los nombres y los intereses de los miembros de sus equipos para el ministerio.
- Dé a los miembros de los equipos los recursos que necesitan para hacer el trabajo.
- Proporcione un ambiente de aprendizaje.
- Trate de llegar a un consenso. Un voto mayoritario no garantiza valor.
- Fijen plazos límites; después, evalúe la capacidad del equipo de cumplir con esos plazos.
- Permita que los equipos determinen los plazos límites.
- Cultive un sentido de pertenencia de la visión con todo el equipo.
- Ayuda

Conozca la personalidad de su iglesia

¿Cuál es la *personalidad* de su congregación? Cada iglesia tiene una personalidad, una manera especial de pensar y hacer las cosas.

Esa personalidad puede reflejarse en la declaración oficial de misión, o puede simplemente ser parte de la cultura no oficial de la iglesia. Para orientación en cuanto cómo crear una declaración de personalidad que se adapte a su congregación, vea la Sección 1 de *Manual de operaciones de la iglesia: Una guía detallada sobre la administración efectiva de la iglesia*, por Stan Toler.

CAPÍTULO 2
DESARRÓLLESE COMO LÍDER

Vete de tu tierra y de tu parentela, y de la casa de tu padre, a la tierra que te mostraré. y haré de ti una nación grande, y te bendeciré, y engrandeceré tu nombre, y serás bendición. Bendeciré a los que te bendijeren, y a los que te maldijeren maldeciré; y serán benditas en ti todas las familias de la tierra. (Gn 12.1-3)

El gran patriarca Abraham se pareció mucho a Cristóbal Colón en su viaje a una nueva tierra. Éste no sabía adónde iba cuando partió, y tampoco supo dónde estaba cuando llegó allí. Abraham, por fe, cuando fue llamado a un lugar que recibiría después como herencia, obedeció y partió, aunque no sabía a dónde se dirigía (Heb 11.8). Abraham no sabía *adónde* iba, pero sí sabía *por qué*. Porque Dios lo había llamado. El plan de Él era ahora el propósito de Abraham.

Como líder de un equipo, es posible que usted sienta lo mismo. Se está dirigiendo a un destino que no está completamente claro al principio. Entiende que el cambio es necesario, y que debe volver a pensar en la manera como ha estado haciendo el ministerio. Siente un llamado de Dios en esto, entiende que está comenzando un viaje espiritual hacia el servicio efectivo. Al igual que Abraham, se da cuenta que debe primero salir de un lugar y rellenar algunos de los espacios en blanco. Usted tendrá que desarrollar una visión, un equipo y una nueva manera de guiar a otros. Y lo principal que necesitará desarrollar es usted mismo. Debe convertirse en un líder capaz de guiar a otros de una manera nueva. Eso requerirá desarrollo en tres contextos vitales: liderazgo espiritual, liderazgo personal y liderazgo interpersonal. En este capítulo, usted examinará algunas de las cualidades importantes de un líder de equipo.

LIDERAZGO ESPIRITUAL: CONSAGRACIÓN

Como líder del ministerio, usted ha respondido al llamado de Dios a su vida. Aunque estamos más ocupados que nunca, muchos de nosotros vivimos nuestras vidas sin un propósito claro, aunque nuestras intenciones son nobles. En el trabajo, deseamos ser el profesional perfecto. En el hogar, buscamos ser el mejor cónyuge o padre. En la iglesia, somos el creyente devoto. Pero, a pesar de nuestra preocupación, muchas veces parece que algo está faltando en nuestras vidas: Nos falta poder.

Una vida consagrada es la dedicada a un solo propósito. Está afincada en el plan de Dios, no importa las consecuencias. ¿Qué podemos esperar de una vida consagrada? ¿Cuál es el resultado de consagrar nuestras vidas a Cristo, haciendo de la voluntad de Él nuestro objetivo principal? En una palabra: *Poder*.

Enfoque

Ese poder de la consagración surge de un enfoque más grande. Si uno tiene claro todo el panorama, es más fácil poner en funcionamiento las cosas pequeñas. Una vida consagrada está enfocada en servir a Dios. Eso hace que cada decisión, desde las elecciones vocacionales hasta las decisiones morales, sea mucho más fácil de tomar. La consagración produce el poder del enfoque.

Fortaleza

Ese poder produce también gran fortaleza. No hay una causa más noble que la de Cristo, ninguna razón más válida para perseverar, a pesar del sufrimiento de la persecución. Cuando su vida haya sido puesta a los pies del Maestro, cuando la cruz de Él haya sido ajustada firmemente a sus hombros, tendrá las fuerzas para enfrentar la peor vida. Los insultos son más fáciles de soportar, y los sacrificios más fáciles de hacer.

Victoria
Ese poder produce victoria segura. Esta palabra puede ser, a veces, tan obsoleta como un automóvil Ford Edsel, pero la "victoria" sigue siendo el mayor incentivo del creyente. Pablo puso la promesa por escrito: "Gracias a Dios que en Cristo siempre nos lleva triunfantes y, por medio de nosotros, esparce por todas partes la fragancia de su conocimiento" (2Co 2.14 NVI). La persona consagrada es un soldado triunfante para Cristo, aún antes de que comience la batalla. Ya sea que la lucha sea contra la tentación en nuestras vidas o contra las fuerzas de las tinieblas espirituales en el mundo, el creyente que tiene un solo enfoque tiene el poder de perseverar. La consagración produce victoria.

Las Escrituras lo confirman. El escritor de Hebreos menciona otros creyentes del "salón de la fama", aquellos que habían puesto sus vidas en el altar de la devoción, y ardido después, otros que estuvieron consagrados del todo a su Dios. ¿Cuál fue el resultado en sus vidas? Leamos:

¿Qué más voy a decir? Me faltaría tiempo para hablar de Gedeón, Barac, Sansón, Jefté, David, Samuel y los profetas, los cuales por la fe conquistaron reinos, hicieron justicia y alcanzaron lo prometido; cerraron bocas de leones (Heb 11.32, 33 NVI).

Pero hay un nombre que falta en esa lista: el suyo. Usted también, por fe, puede convertirse en uno de estos de quienes el mundo no era digno. Por fe, usted también puede ser consumido por una pasión que quemará cada pensamiento, cada motivo, que no esté enfocado en la voluntad de Dios. Por fe, usted puede soportar cualquier adversidad y lograr cualquier victoria. Por fe, usted puede triunfar. Ese es el poder de una vida consagrada, el principal requisito para el liderazgo espiritual.

LIDERAZGO ESPIRITUAL: SANTIDAD

¿Recuerda usted la primera vez que escuchó su voz grabada y reproducida? Probablemente reaccionó como lo hacen muchos: "¿Realmente soy yo?" ¿O le han tomado alguna vez una fotografía, y luego, al verla, dijo: "¡Ese no se parece a mí!?"

Isaías tuvo una lucha semejante con algo que vio y oyó.

En el año que murió el rey Uzías vi yo al Señor sentado sobre un trono alto y sublime, y sus faldas llenaban el templo. Por encima de él había serafines; cada uno tenía seis alas; con dos cubrían sus rostros, con dos cubrían sus pies, y con dos volaban. Y el uno al otro daba voces, diciendo: Santo, santo, santo, Jehová de los ejércitos; toda la tierra está llena de su gloria. Y los quiciales de las puertas se estremecieron con la voz del que clamaba, y la casa se llenó de humo. Entonces dije: ¡Ay de mí! que soy muerto; porque siendo hombre inmundo de labios, y habitando en medio de pueblo que tiene labios inmundos, han visto mis ojos al Rey, Jehová de los ejércitos! (Is 6.5).

Isaías vio la santidad de Dios, y oyó la reacción de los ángeles que adoraban en la presencia de esa santidad. Entonces se miró a sí mismo, y dijo: "Ese no parece ser yo. Yo no soy así."

He visto a algunas personas intentarlo, pero la santidad de Dios es muy difícil de fingir. Terminan, por lo general, viéndose sombrías y sin gozo, como si hubieran sido bautizadas en líquido para embalsamar. ¡Qué reflejo tan falso de la santidad de Dios! ¡Y qué desentonadas están con los serafines que cantan alrededor de su trono!

Prefiero estar cerca de lo genuino. C. S. Lewis dijo en *Letters to an American Lady* [Cartas a una dama americana]: "¡Qué poco saben las personas que piensan que la santidad es aburrida! Cuando uno conoce lo auténtico, ella es irresistible." Isaías dio un atisbo de lo plenamente genuino sentado en un trono, alto y sublime.

Viéndose tan fuera de lugar en la presencia de Dios, el profeta expresa un vehemente anhelo de reflejar lo que verdaderamente es Dios, santo. Pero ¿cómo es la santidad?

Aquí tenemos un problema. Somos como el alumno de la escuela bíblica a quien le pidieron que dibujara una imagen contenida en la Biblia. "¿Qué es eso?", le pregunta la maestra después de ver la "obra maestra".

"Ese es Dios", respondió rápidamente el alumno.

Preocupada, la maestra comentó: "Cariño, ninguno de nosotros sabe cómo es Dios." El alumno respondió, desconcertado: "Bien, si no sabemos cómo Él es, ¿cómo podemos nosotros ser como Él?"

Me alegra que Dios resolviera el problema dándonos un atisbo de sí mismo en su Palabra, hasta donde somos capaces de comprenderlo en esta vida. "Porque las cosas invisibles de él, su eterno poder y deidad, se hacen claramente visibles desde la creación del mundo, siendo entendidas por medio de las cosas hechas, de modo que no tienen excusa" (Ro 1.20).

En el Antiguo Testamento, el Señor es visto en la imponente e inalcanzable majestad del trono, en la zarza ardiente, o en el arca del pacto. Más tarde, en el Nuevo Testamento, es visto en la vulnerabilidad redentora de la cuna en el pesebre, en la cruz del verdugo, o en la tumba prestada. La santidad caracteriza a Dios, y esa santidad tiene que ser reflejada por su pueblo: "Porque escrito está: Sed santos, porque yo soy santo" (1P 1.16).

Esto parece imposible al principio. ¿Reflejar la santidad de Dios? Por ser Él quien es, Dios nunca puede ser como nosotros. Pero también, por ser Él quien es, Dios nos invita a ser como Él, hasta donde podamos serlo mientras vivamos en los límites y en la confusión del planeta tierra. Lo imposible se convierte en posible por medio de la dádiva de su Hijo Jesucristo, y del poder del Espíritu Santo. Wesley dijo que el Espíritu Santo es la "causa directa de la santidad".

¿Cómo podemos, entonces, reflejar la santidad de Dios?

Huir del pecado

En primer lugar, la santidad de Dios se refleja por medio de un odio incondicional al pecado. Proverbios 6.16-19 dice: "Seis cosas aborrece Jehová, y aun siete abomina su alma: Los ojos altivos, la lengua mentirosa, las manos derramadoras de sangre inocente, el corazón que maquina pensamientos inicuos, los pies presurosos para correr al mal, el testigo falso que habla mentiras, y el que siembra discordia entre hermanos." Reflejar la santidad de Dios significa rechazar el pecado. "Todo el que siga viviendo en él no pecará; pero todo el que sigue pecando no lo conoce ni entiende quién es él" (1Jn 3.6, NTV).

Amar a los demás

En segundo lugar, la santidad de Dios se refleja por medio de un amor incondicional a su pueblo. "Mirad cuál amor nos ha dado el Padre, para que seamos llamados hijos de Dios" (1Jn 3.1). El corazón de Dios mira más allá del hecho al hacedor. Él no puede tolerar el pecado, pero sí puede rodear con sus brazos de aceptación y perdón al pecador arrepentido.

Cuando yo era un niño y asistía a reuniones de campamentos, recuerdo aquellos momentos cuando, después de un motivador servicio, nos reuníamos para tener un tiempo de alabanza y reflexión alrededor de una fogata. A medida que llegaban otros jóvenes, de uno en uno, el círculo se agrandaba. Algunos de los que unían al grupo no eran necesariamente los más santos en disposición o conducta (al menos antes del servicio). Pero la presencia de Dios, el calor del fuego, y el fervor que había en nuestros corazones, creaban un lugar para ellos en el círculo.

Reflejar la santidad de Dios significa acabar con los círculos exclusivos. Eso no significa que uno deba aprobar el pecado, de ninguna manera. Pero sí significa tener una actitud inclusiva y no exclusiva. En su mensaje, "The Way of Holiness" [El camino de la santidad], Jonathan Edwards declaró: "[La santidad] es dulce y encantadoramente hermosa."

Dar a los demás

En tercer lugar, la santidad de Dios se refleja por medio de un sacrificio incondicional por el bienestar de otros. Juan 3.16 ha sido ridiculizado por fanáticos del fútbol, promotores de lucha libre, y comediantes de micrófono. Pero nunca será reemplazada como la palabra definitiva de Dios en cuanto a su amor a su creación. "Porque de tal manera amó Dios al mundo, que ha dado a su Hijo unigénito, para que todo aquel que en él cree, no se pierda, mas tenga vida eterna." Él amó, dio y pagó con su vida por cada persona.

Reflejar la santidad de Dios significa dejar a un lado el yo y el egoísmo, en favor de la salvación de otros. Según el apóstol Pablo, eso se ve en el hogar y también en la calle. Efesios 5.25 amonesta: "Maridos, amad a vuestras mujeres, así como Cristo amó a la iglesia, y se entregó a sí mismo por ella." Chuck Colson apuntó: "La santidad es la ocupación diaria de todo cristiano."

Aunque no somos "pequeños dioses" como algunas religiones enseñan, podemos tener un poco de Dios en nosotros. "Gracias a él ustedes están unidos a Cristo Jesús, a quien Dios ha hecho nuestra sabiduría —es decir, nuestra justificación, santificación y redención" (1Co 1.30).

Un teólogo escocés del siglo XIX escribió una vez: "La santidad consiste en pensar como Dios piensa, y en desear como Dios desea." ¿Qué es eso? ¡Reflejar la santidad de Dios! Este es su rol como líder espiritual.

LIDERAZGO ESPIRITUAL: ORACIÓN

Todos dependemos de un líder en cuanto a respuestas. ¿Qué será lo próximo que haremos? ¿Cuál es nuestro objetivo? ¿Debemos seguir adelante o esperar? Es el líder quien debe tomar estas decisiones, teniendo a veces que escoger entre la mejor de dos opciones buenas, o la menos desagradable entre dos opciones malas. Pero ¿adónde va el líder en busca de ayuda? Los líderes efectivos han aprendido este secreto: Ellos no están solos. Cuando se ven forzados a tomar una decisión difícil, buscan el consejo de alguien mayor que ellos. Buscan la guía de Dios.

Orar por perspectiva
La competencia, la destreza y la inteligencia son atributos importantes del liderazgo. Pero hay un atributo mayor: La fe. Los líderes verdaderamente grandes creen en alguien que es mayor que ellos, y expresan esa convicción en sus tiempos habituales de reflexión y recogimiento. Pasar tiempo a solas con Dios, da a los líderes perspectiva. Esto les recuerda lo que importa realmente, y lo que no.

Orar por sabiduría
A Salomón, el hombre más sabio de la Biblia, se le brindó una oportunidad increíble. Dios le dijo que podía pedir cualquier cosa, y que la recibiría. Salomón pidió sabiduría. Como resultado, se convirtió en el rey más grande en la historia de su nación. Los grandes líderes oran no simplemente por necesidades específicas, como tener un mejor personal, más fondos, o mayores recursos. Oran por algo más fundamental: Tener sabiduría para tomar decisiones acertadas. Orando a Dios pidiendo que les convierta en personas de visión, discernimiento e integridad.

Orar por dirección
Aun los líderes más competentes piden consejo. Los líderes grandes llevan sus preguntas a Dios y le piden ideas. Consultan al Planificador Perfecto antes de anunciar una nueva política o una nueva estrategia. Buscan la dirección de Dios en decisiones específicas y en los grandes objetivos.

Orar por fortaleza
Cuando se trata de enfrentar la adversidad, hay dos tipos de líderes: Quienes la enfrentan solos, y quienes triunfan. Para los grandes líderes, la oración no es una vía para salir fácilmente

de algo; es una vía para abrirse paso a través de la dificultad. La fortaleza que proviene de la comunicación con Dios, les sostiene en los tiempos de adversidad. La oración es una parte vital de su sistema de apoyo espiritual.

Abraham Lincoln dijo: "Muchas veces he tenido que ponerme de rodillas por la avasallante convicción de que no tenía adónde más ir. Mi sabiduría, y la de todos los que me rodeaban, parecía insuficiente para lo que teníamos que enfrentar en el día." Lo que era verdad para Lincoln, debe también ser verdad para todos nosotros.

Recuerde que usted no está solo como líder. Eche mano del arma más poderosa que hay en el arsenal del líder: *La oración*.

LIDERAZGO PERSONAL: APRENDIZAJE PERMANENTE

Mantener una vida espiritual vibrante, es un enfoque fundamental de autodesarrollo para los líderes. La vida y el crecimiento personal son también importantes. Si usted desea desarrollarse como líder de un equipo, necesitará desarrollarse como persona. Una manera de hacerlo, es dedicarse al hábito de estar aprendiendo todo el tiempo. Tome la decisión de seguir crecimiento continuamente y mejorando hasta que su cuerpo no dé más.

Un granjero puso este aviso en la cerca de su tierra de pastoreo: "Bienvenidos los intrusos. Solo asegúrese de cruzar el campo en 9.9 segundos: ¡el toro puede hacerlo en diez!"

En estos tiempos de movimiento veloz de la información, es fácil quedarse atrás. Los líderes deben correr más que esos toros que embisten, manteniéndose alertas e informados.

Los buenos líderes no tratan de ser expertos en todas las áreas. Saben bien lo que saben, y lo que no saben. Entienden las limitaciones de su conocimiento y experiencia, y por eso cubren las lagunas haciendo preguntas, buscando asesoramiento y aprendiendo de los demás.

Las personas que no se asesoran cometen errores innecesarios. Los líderes no se avergüenzan de pedir consejo, y no les da miedo tomarlo. Mantienen consejeros. Se ocupan de crear una red de asociados que pueden conectar módulos de destrezas y de experiencia en sus vidas. He aquí algunos espacios donde los líderes que se destacan buscan consejo.

Entre quienes trabajan con ellos
Los mejores líderes son sensibles a las capacidades y a la experiencia de las personas que trabajan con ellos. Saben que no hay nada de vergonzoso en no saber algo, pero que ser negligente es una falta. Por eso, piden sin reservas información a quienes saben más.

En los medios
Los líderes son lectores. Saben cómo sacarle todo el jugo a un artículo o a una noticia. Saben lo que hay en las noticias, y están al día en cuanto a las revistas divulgativas. Siempre hay un libro en su mesa de noche, y leen con voracidad blogs y sitios de noticias en Internet.

En talleres
En casi todos los campos abundan las oportunidades para la educación continua, y los mejores líderes asisten a talleres para mantenerse al tanto de su actividad o profesión. Saben que lo que cuesta matricularse para tener una buena oportunidad de aprender, está más que compensado por más ventas, mayor eficiencia, y el influjo de buenas ideas. Van a aprender, y llevan a otros con ellos.

En las instituciones académicas
La educación es una inversión, y los líderes ponen dinero en el banco del conocimiento. Sacan tiempo para terminar o continuar su educación formal. Encuentran en Internet, en los fines de semana o en los programas tradicionales, la manera de obtener ese título.

¿Hay lagunas en su conocimiento como líder? ¿En qué áreas pudiera valerse de consejo, información o mayor destreza? ¿Qué hará para lograrlo?

LIDERAZGO PERSONAL: PRIORIDADES

Los líderes toman decenas de decisiones cada día. En realidad, antes que usted salga de su casa es probable que haya tomado varias decisiones. ¿Cereal o huevos revueltos? ¿Ropa casual o formal? ¿Tengo tiempo para una segunda taza de café, o debo ponerme en marcha ahora mismo?

Sin embargo, las decisiones más importantes que usted toma no tienen que ver con sus elecciones personales, se refieren a lo que es significativo. Las cosas que usted decida tendrán una influencia directa en su flujo de energía a lo largo de todo el día.

He aquí cuatro preguntas que le ayudarán a evaluar la importancia de cualquier oportunidad.

¿Honra a Dios?

¿La decisión que tomó mantendrá su propia integridad una vez que sea pasada por el filtro de su fe? Si no es una prioridad para el Reino de Dios, esa decisión tiene el potencial de agotar sus energías en vez de aumentarlas. Mi mentor y amigo Elmer Towns me dijo una vez: "La grandeza implica más que el logro medible; ella comienza en el corazón del líder, no en su cabeza. Está arraigada en virtudes tales como autosacrificio, amor, valor, lealtad, responsabilidad moral, humildad, propósito, misión, pasión y compromiso. Esas son las cualidades del Reino, y las decisiones que usted tome deben poseer esa dinámica."

¿Tiene una dimensión eterna?

¿El resultado de la acción que se propone tomar tendrá como resultado solamente acumulación en la Tierra, o es una inversión para la eternidad? La acciones centradas en lo temporal agotan las energías. ¿La acción que se propone tomar aumentará su caudal de cosas terrenales, o añadirá a su cuenta en el cielo?

¿Añadirá calidad o simplemente cantidad?
María y Marta, esas joyas no reconocidas del tiempo de Jesús, lucharon con este mismo problema (Lc 10.38-42). María estaba demasiado centrada en lo celestial, mientras que Marta lo estaba en lo terrenal. ¿Dónde está el equilibrio? Esta es una pregunta importante. Una vez que uno llega a la adultez, el trabajo de rutina es, por lo general, una opción. Pero manténgase añadiendo trabajos de rutina, y el resultado será que tendrá menos opciones.

¿Cómo afectará a mi familia?
La familia es una institución dada por Dios, pero eso no significa que fuimos encarcelados en ella. Las relaciones interpersonales con las personas que amamos deben ser gozosas, no sin orden ni concierto. Añadir un asunto más a su lista de cosas por hacer, pudieran no ser bueno para la familia.

Usted tiene cada día una reserva de 1440 minutos. No puede permitirse desperdiciarlos en ninguna actividad que no añada valor a su vida y promueva las metas de su organización. El hecho de que usted *pueda* hacer algo, no significa que *tenga* que hacerlo. Evalúe cuidadosamente cada oportunidad.

LIDERAZGO PERSONAL: HUMILDAD

El líder que esté buscando siempre reconocimiento, será pronto un solista en la orquesta. Ningún equipo seguirá a un líder egoísta por mucho tiempo. El equipo puede crear un buen sistema de trabajo y actuar bien, pero a menos que los miembros respeten al líder, no darán lo mejor.

Los mejores líderes demuestran esa rara virtud llamada humildad. Descubren que hay verdadero valor en términos de su capacidad de generar excelencia en el grupo, no reconocimiento personal. Aquí tenemos una imagen instantánea de un gran líder: Un "hombre grande" con un ego pequeño.

Orientación al logro

A los grandes líderes no les importa quienes reciban el reconocimiento, siempre y cuando el trabajo sea hecho. Las acciones son más importantes que las felicitaciones. Las metas son más importantes que recompensas. Los elogios son incidentales al proceder correcto. Los grandes líderes no llaman la atención a sí mismos; ellos manifiestan aprecio por las contribuciones de los demás.

Los grandes líderes están dispuestos a poner primero a la misión que a sus planes personales. Han descubierto el gozo mayor de dar sus vidas por algo meritorio. El propósito, la misión y los objetivos de la organización son lo más grande, mientras que su personalidad y sus logros personales son secundarios. Los buenos líderes saben que lo que ellos hacen como individuos, es mucho menos importante que lo que pueden lograr con otros y por medio de otros.

Una piel de elefante

Los grandes líderes son rápidos para perdonar. Las personas mezquinas guardan resentimientos; las grandes, perdonan y olvidan. La gente mezquina está pendiente de las ofensas, y busca la venganza; para los humildes, ellas son cosas del pasado. Todos los grandes líderes son personas magnánimas. Se ganan el respeto, nunca lo exigen. Evitan las disputas triviales, y desarrollan una piel de elefante.

Enfocados en los demás

Los grandes líderes se sienten complacidos por los éxitos de los demás. Todos los buenos líderes entienden que ellos no son capaces de lograr todo lo que sueñan; otras personas deben ayudarles a llevar a cabo su misión. Por eso, invierten en ellas,

las animan, las entrenan y las capacitan para que triunfen. Los mejores líderes comprenden que las oportunidades de tener éxito abundan, y ayudan a quienes están a su alrededor a apuntar muy alto.

Los grandes líderes dan reconocimiento cuando hay que hacerlo. Saben que ellos mismos tienen muchas habilidades, pero también entienden que su éxito depende de la contribución de otros. Saben que no hay personas "sin importancia" en la organización; la contribución de cada persona es importante. Los buenos líderes se apresuran a animar y a colmar de elogios; saben decir: "Bien hecho" y lo dicen con frecuencia.

LIDERAZGO INTERPERSONAL: SABER ESCUCHAR

Al desarrollarse usted espiritual y personalmente, reconocerá su necesidad de desarrollarse en otro contexto vital del liderazgo: Las relaciones interpersonales. No nos dirigimos a nosotros mismos, y tampoco dirigimos cosas. ¡Dirigimos a *personas*! Por consiguiente, su efectividad como líder estará relacionada directamente con su habilidad de comunicarse bien con los demás. Si las demás personas confían en usted y le respetan, su liderazgo crecerá. Una de las maneras fundamentales de ganarse esa confianza y ese respecto, es desarrollar el hábito de ser un buen oyente.

Aquí tiene una prueba rápida en cuanto a la destreza de un líder. ¿Mira el líder a los ojos de la persona que le habla? Si es así, probablemente es un líder atento, interesado y preocupado por las necesidades del miembro de su equipo. De no ser así, el líder probablemente es una persona distraída, indiferente o, peor aún, egoísta. Los buenos líderes toman en serio a las personas. Ponen atención a las palabras, a la inflexión y a los sentimientos de los demás.

Escuchar ideas

Los líderes escuchan las ideas de quienes trabajan con ellos. Puede ser que no pongan en práctica todas las sugerencias que oigan, pero se muestran interesados por las nuevas metodologías. Entienden que la idea que los impulsará hacia arriba, bien puede venir de alguien que está por debajo de ellos en el organigrama de la organización. Aceptan de buen gusto las sugerencias de sus colaboradores.

Escuchar quejas

Los líderes también escuchan quejas. Entienden que los sentimientos no desahogados pueden llegar a cohibir, por decir lo menos; y a explotar, en el peor de los casos. Los problemas no resueltos pueden muy bien ahogar los esfuerzos del equipo. Los líderes valoran las opiniones, tanto de sus colaboradores como de sus críticos. Entienden que las quejas y las preocupaciones de los demás, son demanda por atención personal. Y por eso escuchan.

Escuchar el significado no verbal

Los líderes escuchan lo que no se dice. Se dan cuenta de que un problema puede estar presente durante algún tiempo, antes de que un miembro del equipo tenga la valentía de expresarlo como una queja. Los líderes están pendientes del lenguaje corporal, de la expresión del rostro, y de otras señales no verbales. A semejanza de un mecánico bien entrenado que evalúa el funcionamiento de un motor, el líder escucha los sonidos que otros no perciben.

Escuchar a las partes interesadas

Los líderes escuchan a las partes interesadas. Son las personas a quienes sirve la organización, ya sea que se llamen clientes, feligreses, donantes o asistentes. Los buenos líderes escuchan a su público para saber si sus necesidades están siendo atendidas. Prestan cuidadosa atención a las opiniones de quienes no son parte de la organización.

Escuchar con atención al futuro

Los líderes oyen con atención al futuro. En una noche tranquila usted puede oír el ruido de un tren que se encuentra a una larga distancia. Al principio, el sonido es débil, casi imperceptible. Pero un oyente atento puede oírlo.

Los líderes escuchan con atención el tren que todavía no ha llegado. Están pendientes de las tendencias que están en el horizonte; sus oídos están afinados para los cambios en la economía, la cultura e incluso la política. Los líderes oyen venir el cambio antes de que éste llegue. Aprenda a escuchar, y aprenderá a liderar.

LIDERAZGO INTERPERSONAL: AFIRMACIÓN

Los mejores trabajadores, especialmente de la iglesia local, no son motivados por el dinero. Son motivados por el deseo interno de realizar algo. Los trabajadores interesados por la excelencia, tienen una fuente interior de inspiración. Los buenos líderes identifican a estos excelentes buscadores, y aprovechan los recursos ocultos que tienen elogiando sus logros.

Los buenos líderes saben siempre cuales miembros del equipo son los excelentes. Los mejores trabajadores son, por lo general, los primeros que llegan y los últimos que se van. Son, con mayor frecuencia, los últimos que se quejan, y los primeros que cooperan. No se incomodan por las tareas que se les asignan, porque ya han sacrificado su comodidad en aras del mayor beneficio para todos. Son personas exitosas que trabajan mayormente por la satisfacción de saber que han hecho el trabajo bien. Aprenda a elogiarlos, y aprovechará un reservorio de gran fuerza.

Elogiar a menudo

Encuentre maneras de reconocer a quienes dan más de sí mismos por su organización. Con frecuencia, las limitaciones presupuestarias impiden que el líder utilice dinero como motivador. Pero hay otras maneras de reconocer a los sobresalientes. Reconozca su contribución en las reuniones del equipo. Envíeles correos electrónicos que digan: "Gracias. Ayudaste al equipo hoy." Busque maneras de dar gracias por un trabajo bien hecho.

Aumentar la responsabilidad

Cuando los miembros del equipo den evidencias de que están a la altura de un reto, deles uno. Asigne una tarea importante a sus colaboradores destacados, y estarán a la altura de las circunstancias. Los sobresalientes buscan maneras de aumentar su contribución. Una manera de dar gracias por lo que ellos ya han hecho, es poner aún más confianza en ellos en el futuro.

Reconocer por escrito

Si usted tiene una técnica formal de evaluación, utilícela para premiar a quienes hacen un buen trabajo. Deje que su evaluación anual revele la importancia de la contribución de esas personas a la organización. Deles la mejor nota por su esfuerzo, y otros verán el merecimiento que tienen esas personas. Si usted se beneficia de la contribución de alguien que no es parte de su equipo, envíe una nota positiva al jefe de esa persona. Deje saber a ese líder que le conviene conservar a esa persona cooperadora.

Hacer un cheque

Si usted puede premiar monetariamente, hágalo para estimular a sus mejores colaboradores. Incluso un pequeño bono o beneficio es significativo. Esto les dice claramente: "¡Te valoro!" Pero solo asegúrese de que el sistema de recompensa monetaria sea justo y que se utilice regularmente.

Gracias. Una palabra sencilla y fácil de decir. Utilícela a menudo, y mantendrá a sus mejores colaboradores trabajando a máxima eficiencia.

LIDERAZGO INTERPERSONAL: COPARTICIPACIÓN

¿Por qué algunos líderes tienen éxito donde otros fracasan? Francamente, la mayor parte del tiempo es porque los líderes exitosos entienden que el éxito es un trabajo de equipo. El liderazgo y la coparticipación van de la mano. Ambos dependen totalmente del otro. Los líderes efectivos valoran la coparticipación, y están siempre listos para unir esfuerzos con alguien que pueda dar su contribución a un mismo propósito.

Consejo

"Dos cabezas piensan mejor que una sola", es un axioma que se aprende temprano en la vida. ¿Cuál es, entonces, el nivel siguiente? ¿Cuatro cabezas? ¿Ocho? ¿Dieciséis? El uso colectivo de conocimientos y capacidades, ofrece una mayor oportunidad para la excelencia. Ésta, por lo general, aumenta con la participación.

Comunicación

Los líderes comprenden la importancia de la buena comunicación. Saben que una meta no es más que una hoja de papel hasta que los miembros del equipo la internalizan. Sin la acción recíproca de los miembros, el trabajo se volverá inconexo y el equipo se dividirá. Los líderes trabajan para promover la comunicación entre los asociados internos y externos. No permiten que los miembros del equipo trabajen de manera aislada.

Cooperación

Los maratonistas son atletas fuertes. Pero no siempre son líderes. El liderazgo depende de la capacidad de trabajar cooperativamente con los demás para tener éxito. Los grandes líderes tienen la capacidad de reunir a personas diversas en torno a un propósito común. Reconocen que el todo es mayor que la suma de sus partes. Se relacionan para construir puentes, crear alianzas y generar cooperación. El liderazgo es un deporte de equipo.

Comunicación
Los líderes generan confianza y crean comunidad. Mantienen positiva la atmósfera. Felicitan y alaban los esfuerzos individuales y del equipo. Reconocen los logros significativos, porque saben que alentar a uno de los miembros del equipo para que siga adelante, impulsará a los otros a lograr más. El éxito es una parte del líder y nueve partes de los asociados.

Reconocimiento
Cuando un buen líder es reconocido por su eficiencia, éste aceptará siempre la felicitación en nombre de otros. Felicitar al equipo por sus esfuerzos, simplemente motivará a sus miembros a tener una mayor eficiencia. Los grandes líderes crean una atmósfera en la que otros puedan tener éxito. Luego comparten la celebración de la victoria con quienes la hicieron posible.

Extiende el brazo y la mano lo más que pueda. ¿Cuál es su alcance? ¿Un poco más de medio metro? ¿Tal vez más de un metro? Imagine ahora que está dando la mano a otra persona, a otra y a otra. Habrá extendido su alcance a, por lo menos, el triple. Ese es el poder de la coparticipación.

DEJAR UN LEGADO PERMANENTE

La promoción de una comedia de televisión incluía una frase interesante del personaje principal: "Aprendí de mi padre lo que es la integridad. Tuvo cinco esposas, pero nunca dejó de pagar a ninguna su pensión alimenticia."

Si la integridad del mundo se aprende por medio del ejemplo de un personaje irresponsable, nosotros estamos llamados a un estándar más elevado. La integridad de un líder cristiano habla más alto que una buena presentación en PowerPoint, que un puñado de folletos, o que un montón de tarjetas de presentación. La integridad no es algo que le puedan entregar a uno en su acto de graduación. La integridad viene de adentro.

Es el resultado de una fe centrada, de decisiones piadosas, de relaciones correctas, y de un compromiso tenaz con la verdad.

Cuando la integridad está presente en la vida de un líder, eso es algo hermoso. ¡Cuando falta la integridad, la vida se vuelve un caos! La integridad puede ser una de las cualidades menos reconocidas para el liderazgo hoy, pero es lo que dejará el legado más importante.

Más adelante, cuando los historiadores piensen en muchos líderes del presente, tendrán dificultad para recordar cuántas personas rendían cuentas a un líder específico, y cuántos títulos tenía éste. Lo que recordará la historia es la manera como se conducía ese líder. El líder será conocido en el futuro, fundamentalmente por su nivel de integridad.

En una publicación llamada *The Cross and the Flag* [La cruz y la bandera], el poder del legado de la integridad se describe en las vidas de dos hombres. Uno fue Max Jukes, que vivió en el estado de Nueva York. Fue un incrédulo. Tuvo 1029 descendientes, de los cuales 300 murieron prematuramente. De los que sobrevivieron, 100 sufrieron condenas de prisión por un promedio de trece años cada uno; 190 fueron prostitutas; 100 fueron alcohólicos. Con el correr del tiempo, la familia Jikes le costó al estado 1,2 millones de dólares, y no hizo prácticamente ninguna contribución positiva a la sociedad.

El segundo hombre, Jonathan Edwards, vivió en Nueva Inglaterra más o menos en el mismo tiempo que Max Jukes, y llegó a ser un prominente ministro del evangelio. Edwards tuvo 729 descendientes conocidos. Trescientos fueron pastores; sesenta y cinco, profesores universitarios; trece, rectores de universidades; sesenta, escritores; tres, miembros del Congreso; y uno, vicepresidente de los Estados Unidos.

La integridad no puede fingirse; el futuro la sacará a la luz. La pregunta más urgente para cualquier líder no es: "¿Cuál es mi visión?" o "¿Qué capacidades tengo?" La cuestión más vital para cualquier líder es ésta: ¿Cuál es mi nivel de integridad? La respuesta a esta sola pregunta definirá su legado a las generaciones futuras.

Sugerencias para la formación de un equipo

- Dedique cada día al Señor.
- Enfoque cada día sus energías en sus prioridades más importantes.
- Felicite a menudo a sus colaboradores.
- ¡Ore! ¡Ore! ¡Ore!
- Otorgue a los demás el crédito por el éxito; acepte su parte de responsabilidad en los fracasos.
- Maneje las prioridades, no el tiempo.
- Lea durante treinta minutos cada día.
- Dedique tiempo para afilar el serrucho.
- Reconozca de inmediato las buenas cualidades de los demás.
- Mantenga en buen estado su relación con el Señor.
- Comuníquese constantemente.
- Desarrolle relaciones dentro y fuera de su iglesia local.
- ¡Huya del pecado; siga la justicia!

CONSEJO PRÁCTICO

Su plan de crecimiento personal

Muchos líderes de iglesias se dan cuenta de que tienen que hacer un cambio importante en su manera de pensar si quieren formar con éxito los Equipos de Acción para el ministerio en su contexto local. Esa clase de cambio importante en la manera de pensar puede estar acompañado por la necesidad de tener un arduo crecimiento personal que puede involucrar otras áreas, incluyendo la vida espiritual y personal. ¿Está usted listo para un plan especial de crecimiento de cuatro semanas, que le ayudará a tener claridad y control en su vida y ministerio? Vea *Piense y cambie su vida: Una dieta única para renovar su mente*, por Stan Toler.

CAPÍTULO 3
PARA DESARROLLAR
HABILIDADES COMO CAPACITADOR

¿Qué, pues, es Pablo, y qué es Apolos? Servidores por medio de los cuales habéis creído; y eso según lo que a cada uno concedió el Señor. ⁶ Yo planté, Apolos regó; pero el crecimiento lo ha dado Dios. Así que ni el que planta es algo, ni el que riega, sino Dios, que da el crecimiento. Y el que planta y el que riega son una misma cosa; aunque cada uno recibirá su recompensa conforme a su labor. Porque nosotros somos colaboradores de Dios, y vosotros sois labranza de Dios, edificio de Dios. (1Co 3.5-9)

Cuando era entrenador de fútbol en la Universidad de Colorado, Bill McCartney retó a su equipo de 1991 a jugar más allá de sus capacidades normales. Se había enterado de que la mayoría de las personas invierten el 86% de su tiempo pensando en sí mismas y solamente el 14% en los demás. El entrenador estaba convencido de que si los miembros de su equipo podían dejar de pensar en sí mismos y comenzar a pensar en los demás, tendrían a su alcance una nueva fuente de energía.

McCartney retó a cada jugador a llamar a alguien que amara, y que le dijera a esa persona que le estaba dedicando el juego. Cada miembro del equipo debía animar a la persona que había llamado a estar pendiente de cada juego, porque estaba dedicado a ella. McCartney preparó sesenta pelotas de fútbol, una para cada jugador, para que la enviara a la persona que había escogido, con la puntuación final escrita en la pelota.

Colorado estaba jugando con su archirrival, los Cornhuskers de Nebraska, en el estadio de Nebraska. Colorado no había ganado ni un solo juego allí en veintitrés años, pero el entrenador McCartney retó a sus jugadores a ir más allá de sí mismos, a jugar por amor. Los Búfalos de Colorado ganaron el partido, y la puntación final escrita en la pelota fue "27 a 12."

¿QUÉ HACE GRANDE A UN ENTRENADOR?

¿Por qué algunos equipos alcanzan niveles de logro mucho más allá de los talentos individuales de los miembros del equipo? Esto siempre involucra a un gran entrenador y a unos miembros del equipo comprometidos. Como dijo una vez Darrel Royal: "El entrenador es el equipo, y el equipo es el entrenador. El uno refleja al otro."

Los entrenadores exitosos no siempre son reconocidos por sus logros. De hecho, los entrenadores más eficientes pueden parecer a veces invisibles. Como dijo una vez Lao-Tsu: "Cuando el mejor trabajo del líder se hace, la gente dice: 'Lo hicimos nosotros'."

Según mi amigo de toda la vida, John C. Maxwell: "El éxito como entrenador [o capacitador] espiritual depende directamente de la habilidad que usted tiene de influenciar a sus líderes." En este contexto, Maxwell ha diseñado el Modelo de Capacitación 3-M, que enfatiza que un líder efectivo hace tres papeles. Es:

1. Modelo

La mayoría de nosotros aprendemos el ochenta por ciento de lo que observamos. Por tanto, la mejor manera de comunicar las cualidades que se necesitan para tener un equipo de trabajo exitoso, es demostrarlas. Si usted quiere tener miembros de equipo comprometidos, debe demostrarles su compromiso. Si se espera que pongan primero al equipo, entonces el entrenador hace sacrificios, también. Si usted quiere que ellos se preocupen unos por otros, entonces tiene que demostrarles el amor que les tiene. No hay nada como demostrarles lo que espera de ellos. De nuevo, el apóstol Pablo escribió a su equipo: "Porque vosotros mismos sabéis de qué manera debéis imitarnos; pues nosotros no anduvimos desordenadamente entre vosotros, ni comimos de balde el pan de nadie, sino que trabajamos con afán y fatiga día y noche, para no ser gravosos a ninguno de vosotros; no porque no tuviésemos derecho, sino por daros nosotros mismos un ejemplo para que nos imitaseis" (2Ts 3.7-9).

2. Mentor
Los buenos entrenadores también son mentores de sus equipos. Dan valor a su gente ayudándoles a crecer por medio del estímulo a dar lo mejor de sí mismos. Al igual que el Bernabé del Nuevo Testamento, son rápidos para dar una buena palabra de reconocimiento. Los entrenadores que son mentores de los miembros de su equipo, los ven no como lo que son, sino como pudieran ser, desarrollando los puntos fuertes de su equipo, enseñándoles cómo mejorar sus debilidades. Los mentores son mucho más que consejeros. Mientras que los consejeros pueden estar dispuestos a ayudar de un modo pasivo dando sus opiniones, los mentores se ponen al lado de su gente y caminan con ellos durante las partes más difíciles de su recorrido. Los grandes pastores-capacitadores no solo observan desde el banquillo, sino que se involucran también en el juego.

3. Motivador
Los entrenadores que quieran que sus equipos triunfen, tienen que motivar a los jugadores. Parkes Robinson dice: "Motivación es cuando los sueños que usted tiene se ponen ropa de trabajo." Para que un grupo de personas formen un equipo y logren la meta, necesitan pasar de un "gran potencial" a un

"gran desempeño". Necesitan "ponerse ropa de trabajo", y eso requiere motivación. Los entrenadores deben inspirar a sus jugadores con visión, elogiar su contribución, y darles incentivos. Las personas necesitan que se les muestre cómo se alinea la visión que ellas tienen, con la visión del equipo. Necesitan entender que un triunfo del equipo es un triunfo para ellos personalmente.

La mayoría de las personas responden al líder del equipo en quien confían. El "entrenamiento" exitoso en el ministerio es más que entender la mecánica de liderar personas. También requiere la capacidad de relacionarse con las personas. El presidente Abraham Lincoln tenía un entendimiento claro de este principio, cuando dijo: "Si usted quiere ganar a un hombre para su causa, convénzalo primero de que usted es su amigo sincero."

Además, el entrenamiento para el ministerio nunca está completo sin el elemento de la capacitación. Rara vez los miembros de los equipos de nuestras iglesias vienen a nosotros equipados y entrenados totalmente. Debemos darles las herramientas y los recursos necesarios que les ayuden a desarrollar los talentos y las capacidades que Dios les ha da dado.

CARACTERÍSTICAS DE LOS GRANDES ENTRENADORES O CAPACITADORES

Los grandes entrenadores o capacitadores tienen varias características en común. Deben tener confianza en su capacidad para dirigir el equipo. Parece ser que todo el mundo lucha con el problema de la autoestima. Pero esto puede solucionarse cuando nos vemos a nosotros mismos como personas de valor por el amor que Cristo nos tiene, no por algo que podamos hacer o no. Los capacitadores en el ministerio necesitan entender que Dios tiene una opinión elevada de ellos. El salmista captó la esencia de esto sus palabras inspiradas por el Espíritu Santo: Porque tú formaste mis entrañas; tú me hiciste en el vientre de mi madre.

Te alabaré; porque formidables, maravillosas son tus obras; estoy maravillado, y mi alma lo sabe muy bien" (Sal 139.13, 14).

Metas específicas
Los grandes entrenadores están orientados hacia el logro de metas. Tienen un plan de juego, y enseñan a sus equipos a enfocarse en el plan en vez de hacerlo en el problema. Probablemente usted ha visto a los entrenadores profesionales paseándose por las laterales de las canchas con una hoja de papel en las manos, consultándola antes y después de cada jugada. Esa hoja contiene el plan de juego. Le dice al entrenador qué hay que hacer si quiere que su equipo logre la victoria. Dios también nos ha dado a nosotros el plan de juego: "Nunca se apartará de tu boca este libro de la ley, sino que de día y de noche meditarás en él, para que guardes y hagas conforme a todo lo que en él está escrito; porque entonces harás prosperar tu camino, y todo te saldrá bien" (Jos 1.8). Los capacitadores exitosos en el ministerio se enfocan en Dios y en el plan de Él para sus vidas.

Comunicación
Los grandes entrenadores son grandes comunicadores. Es posible que tengan un gran conocimiento y una gran experiencia en cuanto a su deporte, pero para ser efectivos tienen que saber cómo comunicar ese conocimiento y esa experiencia a sus equipos. Jesucristo nunca tuvo problemas para comunicarse con su equipo. Ellos sabían exactamente cuales eran los objetivos del ministerio que tenían, comenzando en Jerusalén, y después hasta lo último de la Tierra. A los capacitadores en el ministerio se le ha hecho saber bien que deben instruirse en las técnicas comunicacionales. Y esos mismos capacitadores pueden acudir al Señor como una fuente de sabiduría al comunicar su sentir a sus congregaciones.

Flexibilidad
Los grandes entrenadores son flexibles. Tienen que aprender cómo hacer cambios de inmediato. Surgen circunstancias, tales

como una lesión a un miembro fundamental del equipo, que exigen que los entrenadores pongan su confianza en otro jugador para que termine el juego. Y, a veces, hasta el plan de juego tiene que ser revisado. Algunas circunstancias requieren un plan B. Los entrenadores exitosos saben cuándo es el momento de hacer un cambio en las jugadas.

Los capacitadores en el ministerio tienen que aprender a hacer lo mismo. El método de "siempre lo hemos hecho así" en el ministerio, conduce generalmente a perder. Hay veces cuando una nueva jugada, e incluso un nuevo jugador, pueden dar como resultado una victoria importante. Los pastores-capacitadores deben ser lo suficientemente sensibles para reconocer a todo creyente como un miembro importante del equipo de Dios, y para valorar la singularidad que Él ha dado a cada uno de ellos.

Habilidad relacional
Los grandes entrenadores saben cómo relacionarse. Para ser efectivos deben relacionarse bien con sus jugadores. Algunos de los entrenadores más grandes de nuestro tiempo, han sido los más grandes amigos de sus jugadores. Efesios 4 no solamente le dice al capacitador en el ministerio cómo comunicar habilidades relacionales a la congregación, sino también como crear relaciones con los miembros de la congregación. "Antes sed benignos unos con otros, misericordiosos, perdonándoos unos a otros" (v. 32). Los pastores-capacitadores que incorporan estos principios relaciones en su ministerio, consiguen que la congregación responda de igual manera.

Actitud comprensiva
Los grandes entrenadores son comprensivos. Aprenden cómo aprovechar los puntos fuertes de sus jugadores, y cómo mostrar compasión hacia sus puntos débiles. Tienen que saber cómo trabajar tanto con los puntos fuertes como con los puntos débiles de su equipo, y ayudar a cada miembro de su equipo según el caso.

El pastor-capacitador siempre tendrá una actitud comprensiva con su equipo, no importa sus puntos fuertes o sus puntos débiles. Pero primero, el líder debe aprender a dejar que Dios le ayude a él, también. Es muy fácil envolverse tanto en el juego y "servir a Dios", sin recordar que primero debemos aprender a apoyarnos en Él. Solamente cuando somos *discípulos* podemos realmente ser *líderes*, identificándonos con los sentimientos de quienes tienen que apoyarse en nosotros.

Pasión
Los grandes entrenadores son apasionados. No tienen temor de demostrar sus emociones. Algunos de los entrenadores más conocidos en el mundo de los deportes, han sido quienes han manifestado abiertamente sus sentimientos, y algunas de estas manifestaciones han sido célebres.

Jesucristo mismo demostró una amplia gama de emociones, desde el amor hasta la ira, y desde la tristeza hasta el gozo. Recuerde que el Cristo que recibía a los niños pequeños con un amor paternal, fue también el mismo que echó a los mercaderes del templo con justa indignación. Nuestra cultura normalmente nos condiciona para que ocultemos nuestra pasión, pero los líderes que manifiestan pasión por la misión con una sinceridad como la de Cristo, y con un temperamento controlado por el Espíritu Santo, motivan a sus congregaciones.

Motivación
Los grandes entrenadores están motivados. No dependen de sus equipos para que los motiven a ellos. Ya están motivados, y sus equipos llegan a ser motivados, por consiguiente.

Pídale a Dios que encienda en su corazón el fuego de la motivación. Ruéguele que le dé una carga para despertar a los dormidos, mediante ministerios con equipos vibrantes. Cuando su congregación sienta y vea esa motivación, el Espíritu Santo la usará para motivar a los miembros.

Paciencia
Los grandes entrenadores son pacientes. Los entrenadores profesionales tienen expectativas más altas de un profesional veterano que de un novato que comienza. Saben que parte de su trabajo es ser pacientes con los principiantes, hasta que se conviertan en jugadores experimentados.

Cuando se inicia cualquier nueva empresa, es fácil desanimarse si nuestras altas expectativas no se cumplen de inmediato. Tener altas expectativas es excelente, pero una buena dosis de paciencia que nos dé Dios templará nuestras expectativas, y nos dará un equilibrio que nos ayudará a enfrentar el desánimo.

Perdón
Los grandes entrenadores son perdonadores. No se concentran en los errores de sus jugadores; enfocan su atención en las actitudes correctas y en la actuación del jugador. Los buenos entrenadores aprenden a seguir adelante. ¡El mal juego de la semana anterior, puede ser el precursor del buen juego de la semana siguiente! Cada uno de nosotros necesita aprender como "seguir adelante".

Dejemos que el perdón de Dios sea un modelo para el perdón que nosotros debemos dar cuando lidiemos con miembros de la iglesia que no vean nuestra nueva visión, y traten de crear oposición. Antes de que usted ponga en práctica el patrón de la capacitación en su ministerio, haría bien en adoptar una actitud de perdón hacia quienes inevitablemente le irritarán. Haga lo que Cristo hizo en la cruz, y decida "perdonar por adelantado" a cualquier persona problemática.

CINCO OBLIGACIONES DE LOS ENTRENADORES

Además, recuerde estas cinco cosas que tiene que hacer para llegar a ser un entrenador efectivo para los jugadores de su equipo, de parte de Bear Bryant, el legendario entrenador de fútbol de Alabama.

Dígales los que espera de ellos. Los miembros del equipo del ministerio tienen que saber cómo encajan en el plan de juego, y deben saber también lo que usted espera de ellos para realizar ese plan.

Deles la oportunidad de actuar. A los miembros del equipo debe dárseles la oportunidad de ser parte del "panorama general", y de llevar a cabo la visión.

Déjeles saber qué tal están progresando. Los comentarios verbales y escritos dan a los miembros del equipo la oportunidad de aprender, mejorar y aumentar su contribución.

Instrúyales y deles autoridad cuando lo necesiten. Nunca tenga el temor de enseñar al equipo cuando parezcan inseguros. Deles siempre libertad y autoridad para hacer el trabajo después de la sesión de capacitación.

Prémieles de acuerdo con su contribución. Aquí tiene un ejemplo. En la iglesia Trinity Church of the Nazarene, de Oklahoma City, un socio del ministerio es reconocido cada mes con un reloj pulsera y un certificado de excelencia de cinco estrellas de la iglesia.

MANTENER VIVO EL EQUIPO

Cuando nos enteramos de la muerte de alguien, por lo general damos por sentado que la causa de la muerte fue algún problema físico inevitable, tal como un infarto masivo, un derrame cerebral o un cáncer. Realmente, hay al menos tres razones más por las que mueren las personas: (1) se quedan sin amigos, (2) se quedan sin dinero, o (3) se quedan sin un propósito. Causas semejantes de "muerte" pueden verse en el ministerio de la iglesia local. Examinemos esas causas, y veamos cómo pueden los Equipos de Acción para el ministerio ser una excelente manera de restaurar vida.

Los amigos
Como pastor, he visto con frecuencia a personas de iglesias locales darse por vencidas ante la vida cuando un cónyuge o un amigo querido mueren. Experimentan un luto del espíritu que mina su salud física, y que muchas veces da lugar a la muerte.

También he visto a iglesias "enfermarse" y "morir" cuando las persona "se van" a otra iglesia porque no se sentían bien si no eran una parte vital de la iglesia anterior. Los consultores en cuanto a crecimiento de las iglesias nos dicen que las personas necesitan crear lazos con otras para permanecer activas en una iglesia local. Dicen que un visitante debe crear amistad con siete u ocho personas, llamándolas por sus nombres de pila, o no se quedará en esa iglesia. Los Equipos de Acción para el ministerio dan a las personas la oportunidad de conectarse. El carácter de grupo pequeño de los equipos para el ministerio, les dan la oportunidad de tener compañerismo y hermandad. Los equipos para el ministerio se mantienen vivos por medio de las ocasiones para la capacitación formal, y de las ocasiones para el compañerismo informal.

El dinero
Algunas personas tienen padecimientos físicos, como la diabetes, que exigen un tratamiento médico costoso. La enfermedad en sí puede no ser fatal, pero cuando no se dispone de los recursos económicos y de un tratamiento adecuado, se convierte en una circunstancia mortal.

De igual manera, ministerios fundamentales de la iglesia pueden sufrir ataques mortales, tanto por falta de fondos como por cuidado inadecuado. Las iglesias locales deben ser enseñadas en cuanto a la importancia de apoyar los ministerios nuevos con sus oraciones y estímulo, y también con su dinero. Y los líderes de las iglesias deben ser desafiados a "hacer todo lo que esté en sus manos" para conseguir fondos para esos ministerios.

Los Equipos de Acción para el ministerio no deben ser mantenidos en "terapia intensiva". Si se quiere que sean efectivos, deben ser sostenidos económicamente de una manera adecuada. El pastor-capacitador debe procurar mantener vivo los equipos enseñando claramente a la congregación el valor que tienen para la extensión de la iglesia, y estar al bate con ellos para conseguir fondos para su ministerio.

El propósito
El comediante George Burns tenía un dicho interesante: "No puedo morirme todavía. ¡Estoy ocupado hasta cumplir los cien años!" El día que él murió, el diario *USAToday* anunció: "Y por no tener más compromisos, George Burns murió." Todos hemos sabido de personas que decidieron darse por vencidas ante la vida por no tener, al parecer, ninguna razón para vivir. Un secreto para mantener vivos los equipos para el ministerio, es recordarles constantemente su propósito. Una ayuda excelente para mantener equipos del ministerio saludables, es tener una declaración de propósito claramente definida, actualizada y publicada.

Iglesias completas pueden morir por esa misma razón. Si las iglesias no se enfocan en su propósito, o si las amistades no se mantienen y la membrecía se reduce, esto automáticamente dará como resultado una falta de fondos. Es una "enfermedad" mortal que, si no es corregida, llevará a la iglesia a la muerte. Sin embargo, la falta de miembros y de fondos puede normalmente corregirse si la iglesia busca un propósito claro para su existencia. No hay nada más triste que una iglesia, o un creyente individual, que se haya quedado sin propósito. Quizás es por eso que el tiempo promedio de vida de una iglesia es de apenas treinta años. La iglesia simplemente pierde su razón de existir: Conocer a Cristo y ganar a otros para Él.

"Tiempo de apelotonamiento"
Una de las razones por las que los equipos deportivos se apelotonan, es para mantener su enfoque. De hecho, un apelotonamiento cumple también un propósito muy importante para los

equipos del ministerio. Además de proporcionar un tiempo de enfoque, un apelotonamiento da también al equipo la oportunidad para escuchar; concede tiempo y oportunidad para hacer cambios personales; ofrece una oportunidad para anticipar jugadas; y le da ocasión al equipo para descansar. Otro elemento clave para mantener vivos los Equipos de Acción para el ministerio, es asegurarse de que los miembros del equipo tengan tiempos de apelotonamiento cada cierto tiempo.

CARACTERÍSTICAS DE LOS PASTORES-CAPACITADORES FUERA DE SERIE:

Conocen a Cristo.
Reconocen a los demás.
Son flexibles.
Disfrutan los retos.
Están conscientes de sí mismos.
Valoran las aptitudes de los demás.
Son valientes.
Son comprensivos con los demás.
Cumplen lo convenido.
Comparten sin reservas la información.
Son llenos del Espíritu Santo.
Escuchan.
Estimulan a otros.
Entiendan la dinámica de grupos.
Entienden la mejora de los procesos.
Saben cómo dirigir reuniones.
Saben cómo manejar proyectos.
Dar sus comentarios.
Pueden desistir de sus planes personales.
Resuelven conflictos.
Son buenos comunicadores.

Parte de ser un capacitador fuera de serie, es la habilidad de entender la dinámica de un equipo, lo que los motiva. Los grandes entrenadores, y los grandes pastores-capacitadores, son visionarios, porque ven las cosas de manera diferente a las demás personas. No son mandamases, caciques o dictadores. Saben cómo es "ganar". Ven a las personas como compañeros de equipo, personas con habilidades especiales y con un propósito común, no simplemente un grupo de individuos. Descubren lo que las anima. Descubren cómo motivar a cada persona. Los pastores-capacitadores fuera de serie están cultivando todo el tiempo sus conocimientos en cuanto a capacitación.

Hace algunos años, en una pequeña población agrícola, había un molino de trigo junto a un arroyo que fluía de las colinas. La parte más evidente del molino era la rueda, que atrapaba al agua del arroyo. Dentro del edificio había un eje que iba desde la rueda hasta la muela para moler el trigo que llevaban los agricultores. La fuente de energía de la muela procedía del agua del arroyo que caía en las paletas de la rueda y las hacía girar, y de esa manera hacía rotar la muela.

Una mañana, el molinero vino a trabajar después de una terrible tormenta. Varios árboles de la zona habían caído y causado un montón de escombros. Cuando el molinero revisó su edificio antes de abrir el molino, descubrió que había apenas un chorrito de agua fluyendo del arroyo. Las ramas y otros restos de la tormenta habían represado al arroyo, deteniendo el flujo de agua. No había energía suficiente para hacer girar la enorme rueda. Había que hacer algo.

El molinero entró y trató de hacer girar la muela él mismo, pero a pesar de toda la fuerza que aplicó, no pudo lograrlo. Pronto se dio cuenta de que no podría cumplir con todo el trabajo del día si no conseguía la energía necesaria para hacer mover la muela. Finalmente, hizo lo más lógico: Fue aguas arriba y quitó todos los escombros y las ramas que habían obstruido el caudal. La rueda se movió de inmediato, y pronto los agricultores estuvieron cargando la alimenticia harina que sacaban de la muela.

Las ruedas del ministerio también pueden llegar a paralizarse por completo. Los pastores pueden dejar que los "escombros" del trabajo ministerial tradicional taponen su fuente de energía. Un estudio publicado en *Pastor's Family* reveló que "la carga de trabajo promedio del pastor es de sesenta a setenta horas semanales, y el 80% de los pastores sienten que no reciben un salario adecuado"[1]. Si no tenemos cuidado, el ministerio pastoral puede fácilmente pasar de ser un motivo de satisfacción a una carga, al seguir en la misma vena tradicional año tras año, sin ver realmente crecimiento en la iglesia o nuevos convertidos, sintiéndose cómodos manteniendo el mismo statu quo, cuando todo el tiempo Dios quiere quitar los escombros acumulados e insuflar su Santo Espíritu en la iglesia, de una manera nueva y tremenda.

Para que esto suceda hay que hacer algunos cambios. Tenemos que permitir que Dios quite los escombros de nuestros corazones, uno a uno, para poder tener un nuevo sentir de su poder y una visión renovada de lo que significa "trabajar a plena potencia" para Él. Al igual que el molinero, necesitamos deshacernos de los escombros que obstruyen la fuente de energía, y que hace que produzcamos apenas una fracción de lo que Dios ha vislumbrado para nosotros.

PARA LLEGAR A SER UN PASTOR-CAPACITADOR

Los capacitadores, por lo general, se hacen; no nacen. En otras palabras, pocas personas son capacitadoras naturales. Las importantes técnicas en cuanto a entrenamiento que hemos considerado hasta ahora, tienen que ser aprendidas. Hacer el cambio de rol de pastor tradicional a pastor-capacitador no será fácil; el proceso de aprendizaje parecerá a veces doloroso. Los pastores tienen la tendencia a caer en la rutina de los patrones de ministerio tradicionales, y normalmente encuentran difíciles los nuevos métodos, especialmente cuando los miembros de sus iglesias son recelosos de los cambios. No obstante, tiene que haber cambios si queremos evangelizar a nuestras comunidades. Permita que las sugerencias que siguen, alimenten el fuego del cambio, de ser un pastor ordinario a un pastor-capacitador extraordinario.

Cambie primero su actitud
Su actitud, sus hábitos y su enfoque deben cambiar para que armonicen con el paradigma de capacitación. En términos de actitud, usted debe pensar como un *facilitador*, no como un *hacedor*. En cuanto a los hábitos, debe cambiar: De hacer el ministerio usted solo, a invitar a otros a asociarse a usted en el trabajo. Además, en relación con el enfoque, la clave será enfocarse en capacitar al equipo.

El *New York Times* publicó el cambio producido en la campaña publicitaria de una compañía de cereales muy conocida. En sus primeros comerciales de televisión, el actor reflejaba la imagen de un hombre mayor amodorrado, cohibido y rutinario. Cuando las ventas comenzaron a declinar, entendieron que necesitaban una imagen nueva, y unos comerciales nuevos.

En la siguiente serie de comerciales, el veterano actor fue sometido a una transformación total. En vez de presentarlo en escenarios plácidos, paseando el perro o columpiándose en el porche, el anunciante lo presentó como una persona activa y agresiva: Montando a caballo, cavando huecos para postes, y haciendo una caballeriza. Las cuñas estuvieron dirigidas a la población de más edad, cada vez más numerosa, con el propósito de presentarla como la generación que iba a "tomar las riendas". El aumento en las ventas fue dramático.

El cambio de énfasis comenzó en la mente del actor. Tenía que comunicar una actitud completamente diferente para que los comerciales funcionaran. Una presentación nueva a una generación nueva exigía un nuevo enfoque. Lo mismo sucede con el ministerio. Los pastores que quieran lograr un cambio en sus congregaciones y alcanzar sus comunidades de una manera nueva e interesante, deben primero que todo experimentar ellos mismos un cambio.

Explique sus cambios a los demás
Diga a su iglesia el porqué ha cambiado. Su nueva filosofía no debe llegarles de sorpresa. Por ejemplo, usted pudiera predicar una serie de sermones en los servicios nocturnos, que presenten la base bíblica para la nueva filosofía. Hay que enseñar a la congregación que los cambios son necesarios si desean firmemente ganar almas.

Alcanzar una nueva generación exige algunos métodos nuevos. Las cosas cambian, pero el mensaje nunca debe cambiar. Sigue habiendo un solo Salvador y una sola manera de ser salvo. Pero los métodos para enseñar ese mensaje están sujetos a revisión "para servir a la era presente", como nos recordó Charles Wesley en un himno.

Una palabra de advertencia: Una cucharadita de azúcar sigue siendo buena para tomarse la medicina. Los métodos nuevos deben mezclarse con el aprecio por lo tradicional, con el amor por su gente, y con el interés por el bienestar de ellos. Imponer a la fuerza nuevos ministerios no da como resultado iglesias saludables.

Hábleles del modelo de "Hechos 6". En este pasaje tan conocido, los discípulos estaban tan absorbidos por el trabajo temporal, que se habían visto obligados a descuidar lo eterno.

En aquellos días, como creciera el número de los discípulos, hubo murmuración de los griegos contra los hebreos, de que las viudas de aquéllos eran desatendidas en la distribución diaria. Entonces los doce convocaron a la multitud de los discípulos, y dijeron: No es justo que nosotros dejemos la palabra de Dios, para servir a las mesas. Buscad, pues, hermanos, de entre vosotros a siete varones de buen testimonio, llenos del Espíritu Santo y de sabiduría, a quienes encarguemos de este trabajo. Y nosotros persistiremos en la oración y en el ministerio de la palabra. Agradó la propuesta a toda la multitud; y eligieron a Esteban, varón lleno de fe y del Espíritu Santo, a Felipe, a Prócoro, a Nicanor, a Timón, a Parmenas, y a Nicolás prosélito de Antioquía; a los cuales presentaron ante los apóstoles, quienes, orando, les impusieron las manos. Y crecía la palabra del Señor, y el número de los discípulos se multiplicaba grandemente en Jerusalén; también muchos de los sacerdotes obedecían a la fe (Hch 6.1-7).

Cuando los discípulos no pudieron ya concentrarse en el ministerio por las tareas comunes y corrientes que estaban tratando de hacer ellos solos, hicieron un cambio en el ministerio. ¡Y usted notará que designaron los miembros de un equipo!

Cuando usted comparta con su congregación el estudio de Hechos 6, le sugiero que les recuerde el lema de la corporación McDonald's: "Podemos lograr más juntos, que haciéndolo solos."

Defina la misión

Esto significa determinar y formular preguntas como: ¿Quiénes somos? ¿Qué somos? ¿A dónde *estamos yendo*? Como dice el autor Stephen Covey: "La declaración de misión fortalece a la organización."

Paul Lee Tan en su *Encyclopedia of 15,000 Illustrations* habla de un experimento hecho por el Consejo de Seguridad de Minnesota, en el que dos conductores hicieron el mismo recorrido de 1007 millas en vehículos iguales, pero a velocidades diferentes. El conductor "rápido" dejó atrás a 200 automóviles, frenó 1339 veces, y cubrió la distancia en 24 horas y 12 minutos. El conductor "lento" fluyó con el tráfico, dejó atrás a 13 automóviles, y frenó 652 veces. A éste le tomó 24 horas y 43 minutos hacer el recorrido, apenas 31 minutos más que el conductor rápido. Éste utilizó diez galones más de gasolina, y sus pulsaciones aumentaron, probablemente por la tensión causada por los riesgos a que estuvo sometido.

Sin una misión clara, los líderes de la iglesia pueden ser como ese conductor "rápido". Derrochan mucho esfuerzo, cubren el mismo territorio, pero terminan teniendo una congregación jadeante, y tensa. Por el contrario, los líderes de la iglesia que guían a sus fieles con "planes de viaje" (misión) calculados, llegan a su destino con un solo sentir de propósito y realización.

Conviértase en un compartidor de visión

Después de mucha oración, prepare y comunique una estrategia anual de visión en cuanto a crecimiento. Hable de la necesidad que tiene de la ayuda de la congregación y del equipo pastoral.

J. Winston Pearce, en su libro *Planning Your Preaching* [Cómo planificar su predicación], habla de "la carta de navegación que da dirección a sus sueños"[2]. Su consejo en cuanto a establecer metas es:

1. Fijarse metas de corto y largo plazo.
2. Crear metas tangibles e intangibles.
3. Aprender a aceptar los obstáculos, y luego a deshacerse de ellos evitándolos o resolviéndolos.
4. Hacer uso de la iniciativa, la imaginación y la creatividad.
5. Determinar dónde se está en el momento en relación con las metas.
6. Establecer fechas realistas y razonables para el logro de las metas.
7. Visualizar mentalmente las recompensas que se tendrán cuando se alcancen las metas.

Es una carta que también puede utilizarse para fijarse metas en cuanto al ministerio. Compartir la visión es esencial para la salud de la iglesia local. La congregación es fortalecida cuando sabe que su líder tiene una dirección clara para el futuro de ellos.

Involucre a otros en el ministerio

Es muy fácil caer en la mentalidad de Llanero Solitario. Algunos pastores ven a la iglesia como propiedad suya, y piensan que para que un trabajo se haga bien deben hacerlo ellos mismos o supervisarlo muy de cerca. Pero la verdad es que la congregación de un pastor ya existía mucho antes de que él llegara, y lo más probable es que siga existiendo mucho después de que se haya ido. Ningún pastor puede darse el lujo de comenzar a verse a sí mismo como la razón por la que la congregación existe. El pastor-capacitador entiende claramente que está allí gracias a la congregación, y que la manera de fortalecer esa congregación es por medio de la activa participación de los laicos.

Precise continuamente el viaje
¿Qué padre o madre no ha pasado la mayor parte de un viaje de vacaciones respondiendo la pregunta de los niños: "¿Ya llegamos?" Los jóvenes viajeros quieren saber si papá o mamá lo están llevando por la ruta correcta. También están diciendo: "¿Hasta dónde hemos llegado?" y "¿Cuánto más tiempo nos falta para llegar?" El tiempo de preguntas y respuestas es importante para su sensación de bienestar.

Lo mismo sucede cuando se trabaja con equipos de ministerios de la iglesia. Se sienten seguros cuando saben que su líder los está llevando por la ruta correcta. A los miembros de los equipos deben recibir una comunicación clara de las expectativas y los objetivos del "capacitador". La misma definición de la palabra *equipo* indica metas y objetivos claros a los cuales están consagrados todos los miembros del equipo.

Simplifique, simplifique, simplifique
Como dice a menudo Robert Kreitner: "Las organizaciones deben simplificar, de modo que un niño de ocho años sea capaz de entender cómo funcionan." El famoso entrenador del Green Bay Packers, Vince Lombardi, entendía bien este principio del éxito. Una vez, él era uno de los oradores en una convención de entrenadores de fútbol, y varios de los otros oradores habían hablado de sus sofisticadas tácticas de ataque y defensa. Cuando se le preguntó a Lombardi su estrategia, respondió: "Solamente tengo dos. Mi estrategia de ataque es sencilla: ¡Cuando tenemos el balón en nuestro poder, nuestro objetivo es vencer al otro equipo! Mi estrategia de defensa es parecida: "Cuando el otro equipo tiene el balón, nuestro objetivo es vencerlo!"

Todo, desde los materiales de capacitación hasta las responsabilidades del ministerio, debe darse en los términos más sencillos.

CAMBIOS EN LAS VIDAS DE LOS CAPACITADORES NUEVOS

Como ya he dicho, llegar a ser un pastor-capacitador requiere entrenamiento, capacitación y cambio permanentes. Desarrollar técnicas de capacitación tomará algún tiempo y unas cuantas luchas. Hay cinco lecciones que son particularmente cruciales que deben aprender los pastores en las primeras etapas de su desarrollo como capacitadores.

Lección 1: Entienda que no hay pastores perfectos
Me gusta la historia del pastor que fue a una pequeña tienda de abarrotes del vecindario a comprar un periódico. Lo tomó y se dirigió a la caja para pagar, donde se dio cuenta de que no habría traído dinero, ni siquiera los setenta y cinco centavos que necesitaba para comprarlo. Le dijo al empleado, avergonzado: "Me temo que no tengo los setenta y cinco centavos conmigo. Creo que lo único que puedo hacer es invitarlo a mi iglesia, y predicarle un sermón de setenta y cinco centavos. ¡Pero me temo que no tengo sermones de setenta y cinco centavos!"

El empleado respondió con una sonrisa: "No se preocupe por eso, pastor, ¡iré dos veces!"

No vamos a encontrar al pastor perfecto hasta que lleguemos al cielo. El caso es que somos humanos, y los humanos cometemos errores. Algunas veces, sentiremos que sería mejor olvidarnos de todo ese asunto de "cambiar" a la gente. ¡Pero no se desanime! Esos sentimientos son simplemente una parte del proceso de crecimiento. No importa los errores que podamos cometer, seguirá habiendo almas que necesiten de nuestro ministerio, por más imperfecto que pueda ser a veces. Dios utiliza a las personas que estén dispuestas a arriesgarse a utilizar nuevos métodos para alcanzarlas.

Lección 2: Reconozca el hecho de que el trabajo de un pastor nunca termina

Algunas personas en el mundo secular terminan su trabajo. Se cierran casos. Se adquieren tierras. Se ganan juegos. Se construyen edificios. Pero el trabajo del pastor nunca termina. Siempre hay algo más que hacer: Más almas que ganar, más matrimonios que salvar, más sermones que predicar, más lecciones que enseñar, más trabajo administrativo que supervisar, y más líderes que entrenar.

Alguien dijo una vez: "Las grandes obras maestras son creadas por personas jadeantes." Nuestro tiempo en la Tierra es breve. Estamos siguiendo a Aquel que dijo: "Me es necesario hacer las obras del que me envió, entre tanto que el día dura; la noche viene, cuando nadie puede trabajar" (Jn 9.4).

Sí, habrá días largos. Y, desde luego, desearemos sentarnos junto al pozo, como lo hizo Jesús. Pero tomamos la cruz sabiendo que el camino sería difícil a veces. Nuestro trabajo en la Tierra nunca termina.

Lección 3: Enfóquese en sus dones

Todo marcha mejor cuando operamos en las áreas en las cuales tenemos dones, en vez de simplemente reaccionar a cada área de necesidad. Elmer Towns enseña un principio que él llama División del trabajo, basándose en 1 Corintios 3.9: "Somos colaboradores de Dios." Su principio dice simplemente: "Dios no hará lo que Él le ha ordenado a usted que haga, y usted no puede hacer lo que Dios se ha reservado como su potestad."

Lección 4: Concéntrese en su llamamiento, no en los críticos

Un estudio descubrió que cuando un pastor es despedido de una iglesia, quien lo echa, por lo general, es un puñado de personas descontentas. Es posible que la voz que más se oiga en su ministerio no sea la voz de Dios. Hay mucho poder en poder sonreír, y decir: "Lamento que usted se sienta así, pero yo le amo, y Dios también le ama", y seguir adelante con la tarea que Dios le ha asignado. Usted no tiene que defenderse de todas las críticas, y sin duda va a recibirlas. Eso solamente desvía energías de su llamamiento, y hace que se enfoque en lo negativo.

Recuerde: Muchos de las personas que lo critican ven sus propias fallas en usted. Los psicólogos nos dicen que las cosas que no nos gustan en los demás, son las mismas cosas que se encuentran latentes en nuestras propias vidas.

Lección 5: Nunca deje de aprender
No importa cuánto tiempo haya estado usted en el ministerio, es vital que mantenga un espíritu dispuesto a aprender, y la disposición de cambiar y crecer. Henry Ford señaló esto en una idea que podemos aplicar a nuestro ministerio con equipos: "Juntarse es un comienzo, mantenerse juntos es un avance, y trabajar juntos es un éxito." No piense jamás que ya llegó; siga aprendiendo y creciendo.

El apóstol lo dijo: "No que lo haya alcanzado ya, ni que ya sea perfecto; sino que prosigo, por ver si logro asir aquello para lo cual fui también asido por Cristo Jesús" (Fil 3.12).

Cinco secretos para mejorar las destrezas como capacitador
En su libro *On Becoming a Leader* [Cómo llegar a ser un líder], Warren Bennis menciona siete principios importantes para quienes quieran desarrollar sus destrezas como capacitadores.

1. Comience con personas excelentes. Usted no puede crear excelencia con la mediocridad. Los líderes de grupo invierten el tiempo necesario para encontrar personas que hagan una contribución positiva al grupo. Tales personas son, normalmente, generalistas, con conocimientos amplios y duchos en varias profesiones, en vez de especialistas.

Una iglesia debe construirse teniendo en mente a personas, en vez de programas. No hay nada inherentemente malo en tener programas; ellos son, simplemente, instrumentos organizados por medio de los cuales lograr un objetivo. Sin embargo, muchas iglesias cometen el error de crear primero superorganizaciones y superprogramas, y después tratar de acomodar a las personas a ellos. Comience con las personas y con sus dones (edificar la iglesia es edificarlas a ellas).

Alguien ha dicho: "Nunca utilice a personas excelentes para tener una iglesia excelente, sino utilice a una iglesia excelente para tener personas excelentes", y después utilice a una iglesia excelente para dar respuesta a las necesidades de personas excelentes.

Hasta el mundo secular está de acuerdo con la filosofía de desarrollar primero a las personas. Los especialistas de hoy en día recalcan esta filosofía, diciendo que la clave para hacer que una persona sea eficiente, es comenzar con la persona, descubrir sus puntos fuertes, y ponerla en una posición donde pueda hacer uso de sus fortalezas. Nunca comience con el trabajo, para hacer después que la persona se adapte al trabajo o al programa. Comience con la persona, y haga que el trabajo o el programa se adapten a sus puntos fuertes. Esto minimizará automáticamente las debilidades. Esto es centrarse en las personas en el liderazgo.[3]

2. Cree espacio para la creatividad. Cuanta más creatividad haya, más excelente será el ministerio. Todo grupo excelente necesita a alguien que pueda organizar el talento natural de otros. Debe ser una persona soñadora y pragmática, y que sepa cómo crear los ambientes para que los grandes proyectos puedan resultar exitosos.

Milton Bradley quiso hacerse una carrera a finales del siglo XIX creando juegos de mesa. En poco tiempo, sus juegos se hallaban en incontables salas de estar en Estados Unidos. Pero su creatividad no se detuvo allí. Tuvo otra idea. Como proponente del movimiento de jardines de infancia, Bradley vio la necesidad que había en ellos de juguetes y de materiales de enseñanza.

Comenzó entonces a producir juguetes educativos para jardines de infancia, aunque en ese tiempo estos jardines eran muy escasos. Al comienzo tuvo pocos clientes, pero en una generación había más de tres mil jardines de infancia, y Bradley estaba produciendo materiales para todos ellos, desde creyones hasta mobiliario adaptado al tamaño de los niños.

Los líderes deben dar espacio a los Milton Bradley de su iglesia para fijar metas, ajustar esas metas y poner la mirada en proyectos más grandes.

3. Inspire el trabajo misionero haciéndolo con pasión. El trabajo misionero es siempre precioso para ellos. Lleva a las personas a tener un enfoque más allá de ellas mismas, y por eso hacen grandes sacrificios por la causa. En el trabajo misionero se reclutan personas para realizar una cruzada, no para tener un empleo.

Algunas personas son como la pequeña niña, que al orar en inglés el Padrenuestro, confundió las frases *no nos metas en tentación* (temptation) con "no nos metas en la creación (creation)", y *líbranos del mal* (evil) con "líbranos de las águilas (eagles)." Están satisfechas viviendo en la tierra del "Statu Quo", con el temor de probar nuestros métodos o de remontarse a nuevas alturas. Los líderes son exactamente lo contrario. Ellos cantan con el himnólogo: "Siempre orando y yendo hacia adelante, Señor, pon mis pies en un terreno más alto."

¿Qué causa mejor hay que tener pasión por la iglesia? Ella es el cuerpo vivo y palpitante del Cristo resucitado. ¡Brinda esperanza a los que no tienen ninguna, sanidad a los heridos, y perdón al culpable por medio de su cabeza, el Mesías!

4. Mueva a responder tanto a la misión como a la "oposición". Los líderes se centran en derrotar al verdadero enemigo. Hacen frente al intento de Satanás de "enredar la iglesia en la telaraña de lo obsoleto", como dijo alguien. Le advierten al equipo que se muevan de "siempre lo hemos hecho de esta forma" a "vamos a probar otra manera". Los pastores-capacitadores le harán el desafío a la iglesia de derribar las fortalezas del enemigo (nuestro verdadero opositor), y edificar el reino de Dios de una manera refrescantemente nueva, guiada por el Espíritu Santo, positiva, y con metas específicas. Paul Lee Tan escribió:

Después que María Magdalena se marchó de la tumba (Juan 20.17), no hay ninguna evidencia de que algún otro creyente volviera a ella. Además, no hay ninguna evidencia en los evangelios de que los enemigos de Jesús visitaran jamás la tumba. Sus enemigos no fueron, porque tuvieron temor de encontrarla vacía. ¡Y los amigos de Jesús tampoco volvieron, porque sabían que estaba vacía!

5. Permita que la visión haga posible el cumplimiento de la misión de maneras concretas. La mayoría de los líderes de la iglesia se entusiasman mucho y planifican poco. ¡Las iglesias necesitan tener sueños con detalles, y también fechas tope! Bennis tuvo razón cuando dijo: "Las fechas tope crean la urgencia de tener el trabajo hecho. Obligan a la creatividad, no a la perfección."

Una vez le preguntaron al presidente de los Estados Unidos, John F. Kennedy, qué hizo para convertirse en un héroe de guerra. Con su acostumbrado humor cortante, respondió: "¡Fue fácil; alguien hundió mi barco!"

Muchos líderes de la iglesia funcionan con una estrategia de "barco hundido". En vez de planificar de manera cuidadosa (y piadosa) su calendario, crean programas y utilizan métodos "en el momento". Los líderes pudieran ahorrarse muchas angustias administrativas que resultan de hacer planes en el último minuto y no tener ayuda oportuna, si planifican su trabajo para todo el año.

Entrenar talento de reserva

En su libro, *The Corporate Coach* [El capacitador empresarial], James B. Miller escribe sobre la necesidad de capacitar a los reemplazantes, un proceso que él llama "entrenar talento de reserva". Cuenta la historia del director de una compañía que aprendió esta lección a la brava:

Hace algunos años vino a verme muy emocionado el gerente del almacén. Era el tiempo para su evaluación anual, y ardía en deseos de decirme todo lo que había logrado en el año. Estaba contando con el aumento de sueldo que estaba seguro de recibir.

"Estoy de acuerdo contigo en cuanto a lo que has logrado. De hecho, hay algunas cosas más que lograste, que no estaban entre tus obligaciones", le dije, después de haberme presentado su informe. "Has hecho un trabajo estupendo. Pero tenga pregunta que hacerte. ¿A quién has entrenado para que ocupe tu puesto?"

"No tengo a nadie."

"¡Yo tampoco!"

Entonces le recordé las anteriores evaluaciones que le había hecho, en las que ambos estuvimos de acuerdo en que debía capacitar a un sucesor, para que de esa manera pudiera ser promovido más fácilmente en el futuro cuando la compañía fuera más grande; también le dije que no habría ningún aumento de sueldo hasta que hubiera entrenado a un reemplazante.

"Dado que todavía no tienes a nadie en mente para que ocupe tu lugar, me temo que voy a posponer cualquier aumento, hasta que capacites a un reemplazante."

El hombre quedó atónito. Pero comenzó a tomarme en serio en cuanto a la necesidad de tener un reemplazante. ¡De hecho, el año siguiente capacitó a dos personas para que lo sustituyeran! Esas tres personas siguen todavía en la empresa, y los tres han recibido promociones a través de los años porque capacitaron a sustitutos.[4]

Para desarrollar habilidades como capacitador

Al igual que el gerente del almacén, muchos pastores rechazan al comienzo la idea de capacitar a sus sustitutos. Después de todo, nadie quiere ser reemplazado. Sin embargo, los pastores-capacitadores exitosos deben ocuparse de entrenar "talento de reserva". Un entrenador excelente comunica tanto propósito y capacita tanto a su equipo, que sus miembros pueden ganar sin que él esté presente. Asimismo, un buen pastor-capacitador debe dejar como tras de sí como legado a laicos plenamente entrenados que sepan cómo funcionar como un equipo en el Cuerpo de Cristo.

Un espléndido ejemplo de un pastor que hizo esto muy bien, es Bob Russell. Cuando se jubiló, pasó la antorcha de su ministerio en la iglesia Southeast Christian Church a Dave Stone. Con cientos de líderes entrenados, Stone ha continuado el estupendo modelo de crecimiento ministerial que Russell creó en esa iglesia de Louisville, Kentucky.

Encuestas in situ hechas en la Model Church Conference (Confrencia sobre la Iglesia Modelo) donde he enseñado por veinte años, han confirmado que la actuales filosofías de la mayor parte de las iglesias en cuanto al pastorado, incluyen las siguientes diez expectativas. Mientras lee cuidadosamente la lista, marca los puntos que pudieran ser considerados como tarea solamente del pastor, y los que pueden ser realizadas por una persona laica:

- Cuidado pastoral
- Administración
- Liturgia
- Conducción de reuniones
- Predicación
- Enseñanza
- Orientación personal
- Comunicación de la visión
- Capacitación de personal
- Reclutamiento

Además de estas diez expectativas, algunas iglesias esperan que sus pastores corten el césped de la iglesia y sirvan como sus vigilantes. Con excepción de las expectativas 5 y 8, todas las tareas mencionadas pueden ser realizadas, y realizadas bien, por personas laicas, especialmente cuando han sido "entrenadas" adecuadamente.

Para evitar confusiones, los pastores-capacitadores deben definir claramente los papeles que deben ser desempeñados por los miembros de su equipo. Muchos cristianos están conscientes de que Dios les ha dado herramientas (dones), pero no saben en qué deben ser utilizados: "¿Debo cavar un hoyo o serruchar una tabla con el don que tengo? ¿Debo utilizarlo para hacer mezcla?" ¿Cómo podemos esperar que los laicos hagan adecuadamente el trabajo del ministerio, si no descubren los dones que tienen y cómo deben utilizarlos? Al mostrarles el propósito de los dones que Dios les ha concedido, y la manera como funcionan esas herramientas, podemos fortalecer el ministerio del equipo.

Consejos para fortalecer los equipos

- Deje en claro mensualmente los objetivos del equipo para el ministerio.
- Lleve a cabo cada seis meses una reunión de tormenta de ideas.
- Enseñe a los miembros del equipo el valor de las críticas constructivas.
- Exprese el propósito de cada reunión que se tenga con el equipo.
- Defina claramente los deberes, las responsabilidades y las prioridades del trabajo.
- Comience a tiempo todas las reuniones del equipo.
- Visite a los miembros del equipo donde hacen su trabajo, para ahorrar tiempo.
- Establezca un día para dar a conocer las contribuciones novedosas del equipo.

- Dé reconocimiento a quién lo merezca.
- Vigile de cerca el desempeño del equipo.
- Dé a conocer los éxitos del ministerio con una celebración.

CONSEJO PRÁCTICO

¿Quién le capacita a usted?

¿Cómo evaluaría usted sus capacidades actuales como líder? La mayoría de los pastores están conscientes de que necesitan crecer en el área del liderazgo, especialmente de la capacitación. Sin embargo, son pocos los que tienen los recursos para hacer esto. Para más ayuda en cuanto a desarrollar capacidades personales para el liderazgo, vea *Ministerio pastoral: Una guía práctica*, de Stan Toler, especialmente la parte 5, que trata específicamente de la aptitud para entrenar. Las otras partes de este libro ofrecen ayuda práctica en cuanto a crecimiento personal, vida en familia, ministerio, liderazgo y comunicación.

CAPÍTULO 4
FORME EQUIPOS DE ACCIÓN EN LA IGLESIA LOCAL

El cuerpo no es un solo miembro, sino muchos.
(1Co 12.14)

"¡Abajo, Listo, Espera!" Cómo hacer ajustes en el ministerio.

Cualquiera que haya observado un juego de fútbol profesional ha visto esto. El *quarterback* se alinea detrás del centro, mira a la izquierda y a la derecha de su guardalínea, y comienza a repetir rítmicamente: "Abajo, listo…", y de repente pide tiempo. ¿Qué pasó? El zaguero ha echado una ojeada a la defensa del equipo contrario, y luego ha mirado la formación de su equipo ofensivo. Algo no está bien. Hay que hacer un cambio antes de continuar el juego.

Detrás de la decisión del quarterback está la experiencia y la preparación del entrenador. En cualquier equipo profesional de fútbol, el entrenador ha pasado años preparándose para la tarea que tiene por delante, y conoce el fútbol en todos sus detalles. Aunque el entrenador no es el primero en agarrar el balón, sí es el cerebro detrás de la acción y de todo el partido. El entrenador es quien ha educado al equipo, y quien le ha enseñado los métodos mediante los cuales pueden ganar el partido.

Lo mismo sucede con el pastor-capacitador. Antes de esperar que sus laicos se conviertan en un grupo de buenos equipos para el ministerio, tiene que haber una educación sólida.

Para que una iglesia crezca, ésta debe estar saludable. Una iglesia saludable responde a las necesidades de sus miembros, y se acerca a la comunidad que sirve. Una iglesia saludable es equilibrada, escribe Pablo en Efesios 4.16: "De quien todo el cuerpo, bien concertado y unido entre sí por todas las coyunturas que se ayudan mutuamente, según la actividad propia de cada miembro, recibe su crecimiento para ir edificándose en amor." Una iglesia saludable se mantiene creciendo (creciendo numéricamente ganando personas para Cristo), y edificándose a sí misma (ministrando a las necesidades dentro de su propio cuerpo). Una iglesia saludable ministra tanto al cuerpo como a los que están fuera del cuerpo. Una iglesia saludable equilibra su ministerio con los dones que Dios le ha dado.

Las necesidades de las personas y la provisión divina
Cuando mi amigo David Slamp era un joven, no había recibido ninguna capacitación como maestro, pero le pidieron que enseñara una clase de discipulado. Pronto se dio cuenta de que, si quería tener éxito, tendría que adaptar su material de enseñanza a las necesidades de sus alumnos. Decidido a convertirse en un comunicador efectivo, hizo un estudio minucioso de los dones espirituales. Descubrió que hay un grado muy alto de correlación entre las necesidades de las personas y los dones espirituales que Dios ha dado para desarrollar la iglesia. Las características de cada don parecen responder exactamente a una necesidad humana. La tabla que sigue a continuación, es una lista de las necesidades que la iglesia debe atender en la vida de una persona si ésta va a madurar como cristiana, y muestra el don espiritual que ministra a esa necesidad específica. Echemos un vistazo a las necesidades, una por una, y veamos cómo ha equipado Dios a la iglesia para ministrar a la persona.

Ministerio con equipos

Necesidad humana	Miembro del equipo
Salvación	Evangelista
Conciencia de pecado	Profeta
Doctrina	Maestro
Dirección clara	Exhortador
Guía y cuidado	Pastor
Consolación	Dador de misericordia
Ayuda	Siervo
Ayuda económica	Dador generoso
Liderazgo	Administrador
Compañerismo	Todo el cuerpo de la iglesia
Madurez	Todo el equipo

Salvación: Evangelización

Lo primero es la necesidad de salvación que tienen las personas. Romanos 3.23 dice: "Por cuanto todos pecaron, y están destituidos de la gloria de Dios." ¿Cuál miembro del equipo atiende esta necesidad en la vida de una persona? El evangelista. Esto no significa que el evangelista es la única persona en la iglesia que lleva a las personas a un conocimiento salvador de Jesucristo. Pero si usted hace un sondeo, vería que el evangelista es probablemente quien ha alcanzado al ochenta o noventa por ciento de los convertidos. Los evangelistas hacen por Cristo lo que mucha gente hace por una causa importante. Usan toda su energía para llevar a la gente a entender la voluntad de Dios.

Los evangelistas audaces (a veces llamados *ganadores de almas*), tratan de motivar a otros para que alcancen a los perdidos. Cuentan historias que comienzan con: "Me encontraba haciendo un viaje por avión, y sucedió que me senté al lado de un hombre que no era salvo", y terminan diciendo: "Cuando el avión aterrizó, el caballero que estaba a mi lado inclinó su cabeza y aceptó a Cristo como su Salvador." O entra a un ascensor con un no creyente, en el sexto piso, y sale en el piso catorce con un creyente nacido de nuevo. De nuevo, necesito insistir en que quienes tienen el don de la evangelización no son los únicos que pueden guiar a las personas a Cristo. Pero son quienes llevan a más personas al punto de la decisión, aunque alguien pueda haber tenido influencia en ellas y preparado el terreno para su decisión de aceptar a Cristo.

Conciencia de pecado: Profeta
Alguien dijo una vez que el mundo se ha vuelto tan religioso, y la iglesia tan mundana, que no podemos diferenciarlos. El mundo tiene tanta influencia sobre nosotros, aun sobre los cristianos, que a veces nos resulta difícil reconocer el pecado. La persona que atiende a esta necesidad en nuestra vida cristiana es el profeta.

Los profetas dicen la Palabra de Dios tal como ella es. Pueden ver lo que está mal en la vida de las personas, y señalan lo que no está bien en una iglesia, pero su debilidad es que muchas veces no tienen la capacidad de ver lo que está bien en las personas. Su ministerio se manifiesta principalmente por medio de la predicación, y ésta consiste en gran medida en señalar nuestro pecado. Hacen lo que consideramos una predicación dura, se emocionan normalmente cuando predican, causan desazón a las personas con lo que dicen, y su predicación trae convicción de pecado. La predicación de ellos inquietará el corazón de quienes los oyen, y a veces las disgustará. Típicamente, son los llamados predicadores del tipo de "fuego y azufre".

Doctrina: Maestro
Las personas necesitan conocer la sana doctrina, o los principios para tener una vida recta. Solo la Palabra de Dios puede, en realidad, decirnos qué es lo recto. La persona que atiende a esta necesidad es el maestro. *Didasko* es la palabra griega de la cual proviene *enseñar*: Comunicar conocimiento, transmitir realidades, o dar a conocer. Los maestros están siempre estudiando y

comunicando las normas, los principios y las doctrinas de la Biblia a los demás, tanto verbalmente como por medio de la página escrita.

Dirección clara: Exhortador
Las personas necesitan saber *qué* hacer y *cómo* hacerlo. La persona que atiende esa necesidad es el exhortador. Los exhortadores utilizan su tiempo para enseñar a las personas cómo hacer las cosas. También motivan y entusiasman a las personas, capacitándolas para que logren más. Son grandes consejeros, porque contribuyen a dar soluciones prácticas a los problemas.

Cuidado: Pastor
Toda persona necesita algunas veces ser guiada o cuidada. ¿Quién atiende esa necesidad? El pastor, llamado a veces *pastor de las ovejas*. Los pastores tienen una actitud de vigilancia en cuanto al liderazgo. Tienen la responsabilidad de enseñar la Palabra de Dios, y de cuidar al pueblo que está a su alrededor. Defienden y resguardan a sus ovejas. Pero este don no está limitado a la posición del pastor principal. Muchos cristianos tienen el don de pastorear, especialmente las mujeres. Este don puede ser utilizado en diversas posiciones dentro y fuera de la iglesia, desde siendo maestras en la escuela bíblica, hasta siendo madres de grupos de niñas escultistas.

Consolación: Dador de misericordia
Las personas que están enfrentando enfermedades u otras circunstancias difíciles, necesitan consolación. Aunque no hay una palabra precisa como *evangelista* o *líder* para describir esta función, hay personas dotadas especialmente para mostrar misericordia a los demás. Estas personas saben qué decir o qué no decir cuando sufrimos. Sienten empatía por las personas, sintiendo sus heridas y sus alegrías, en vez de simplemente tener simpatía por ellas.

Si en su vida ocurre una tragedia, usted apreciaría una visita o una llamada de la persona que tiene el don de mostrar misericordia, porque le ayudaría a lidiar mejor con su dolor. Los dadores de misericordia dan una ayuda especial que otras personas no dan. Atraen a las personas que están sufriendo, porque tienen la capacidad de ponerse en el pellejo de los demás. También a las personas que están experimentando tiempos de alegría. A las personas les gusta compartir sus días de felicidad con ellos también, porque los dadores de misericordia se regocijan con ellas.

Ayuda: Siervo

Cuando las personas necesitan una mano amiga, esa necesidad es atendida por un siervo. Los siervos hacen prácticamente lo que sea y ningún trabajo es demasiado pequeño o insignificante para ellos, ningún reto es demasiado grande. Se sienten a las mil maravillas atendiendo las necesidades de otros de maneras prácticas. Los siervos se sienten contentos haciendo trabajos físicos en la iglesia, y muchas veces en la casa de usted, también. Los siervos encuentran satisfacción en hacer lo que muchas personas consideran tareas humildes, y les agrada trabajar entre bastidores. No necesitan ni les gusta la notoriedad. No son quienes están al frente, pero sí quienes hacen que otros lo estén. Es un don que Dios ha dado a muchos creyentes.

Ayuda económica: Dador generoso

El dinero es necesario para apoyar los ministerios y las misiones en la iglesia; con dinero atendemos las necesidades físicas de las personas. La persona que atiende esta necesidad es el dador. Los dadores son personas con una mentalidad misionera. No es infrecuente ver una iglesia que tiene varios dadores que apoyan muchos proyectos misioneros. Si bien todos los cristianos suelen contribuir, Dios ha dado a algunos la capacidad de dar aún más.

Muchas personas con el don de dar tienen la capacidad de ganar dinero, pero no siempre. Por lo general, les gusta mantener en secreto lo que dan, y no buscan reconocimiento.

Se sienten bendecidos al ayudar a otros que tienen alguna necesidad, y al apoyar proyectos y ministerios especiales de la iglesia. Son buenos mayordomos, y quieren saber que el dinero que dan está siendo bien usado.

Dar y servir son dos dones a los que la iglesia necesita realmente dar más énfasis hoy, porque hemos dejado que el gobierno se encargue de estas áreas. Damos a las iglesias para añadir un pabellón a su edificio, pero cuando se trata de dar a un cristiano individual, ya rara vez hacemos esto. Hemos dejado que el gobierno subsane nuestro incumplimiento como creyentes de hacer lo correcto.

Cuando una persona de la iglesia tiene problemas económicos, los cristianos normalmente dicen cosas como: "¿Puede tomar prestado dinero en algún lugar para resolver esto?" O, "Sin duda que hay algún tipo de programa de ayuda del gobierno que te ayudará"; o "Puedes conseguir ese dinero si firmas un pagaré y pagas la deuda mensualmente, con interés." Estamos diciendo a las personas que vayan a otro parte, cuando Dios dice en Romanos 12.13 que la iglesia debe atender las necesidades en las vidas de las personas, compartiendo para las necesidades, y practicando la hospitalidad. (Véase también Hechos 6.)

Liderazgo: Administrador

La mayoría de las personas son seguidoras. Para poder lograr una meta, el 84% de las personas necesitan tener un programa totalmente planificado y supervisado. Si el programa está cuidadosamente presentado, el 14% de las personas son capaces de lograr esa meta con poca supervisión. Pero, solamente el 2% de las personas pueden tener un sueño y llevarlo a término por sí mismas. Estas últimas personas son los administradores. Son los líderes.

Compañerismo: Todo el cuerpo de Cristo

Todos necesitamos tener relaciones afectuosas con las demás personas. Todos necesitamos el compañerismo. Esta necesidad es cubierta no solamente por un subgrupo de personas dentro de la iglesia, sino por todo el cuerpo de Cristo. Esto incluye a todos los administradores, servidores, dadores, exhortadores, profetas, maestros, evangelistas, dadores de misericordia, y pastores. Todos estos cristianos que han recibido dones, combinados, y el cuerpo de Cristo, deben atender la necesidad de compañerismo que tienen las personas. Los sondeos han demostrado que la mayor parte de las personas que comienzan a asistir a una iglesia, lo hacen por el compañerismo de que disfrutan allí. Vamos a la iglesia para estar con nuestros amigos.

Madurez: Todo el equipo
Si miramos el lado izquierdo de la tabla, como si se tratara de un problema de matemáticas, ¿qué obtendríamos al sumar todo? Un cristiano maduro. Después que se han atendido todas estas necesidades en las vidas de las personas, se vuelven maduras. Por cada necesidad que dejemos de atender, la persona será un tanto así menos madura. Pero cuanto más lleguemos a atender todas las necesidades, tanto más maduras llegarán a ser las personas.

Pero lamentablemente, muchas iglesias no atienden una, dos, tres, o incluso ninguna de las cuatro primeras necesidades de la lista. Para evitar cometer este error, tenemos que entender el método bíblico de capacitación de los cristianos.

Segunda a Timoteo 3.16 afirma: "Toda la Escritura es inspirada por Dios, y útil para enseñar, para redargüir, para corregir, para instruir en justicia." Normalmente utilizamos esta cita para apoyar la inerrancia de la Biblia. Pero vayamos de nuevo al versículo, y veamos el método bíblico para capacitar a los cristianos. Se necesitan cuatro cosas: Doctrina, represión, corrección e instrucción. No creo que fue por accidente que Pablo menciona esas cuatro cuestiones en ese orden.

Doctrina se refiere a las normas y a los principios de las Escrituras. La doctrina constituye el patrón mediante el cual debemos gobernar nuestras vidas y nuestros ministerios. Doctrina no el *proceso* de enseñar, sino el *producto* de enseñar.

Represión significa mostrar lo que no es correcto.
Corrección involucra mostrar lo que es correcto.
Instrucción es simplemente información en cuanto a cómo hacer las cosas, y a su aplicación.

Notemos como se relacionan estas cuestiones con los dones espirituales. En primer lugar, el ministerio principal del profeta es señalar lo que no es correcto, mientras que el énfasis del maestro es señalar lo que es correcto. El ministerio principal del exhortador es simplemente decir cómo hacerlo.

Tenemos la tendencia a ignorar a algunas de estas personas, más a menudo al profeta. Después de todo, ¿quién quiere que alguien se meta con nosotros, y nos diga lo que no es correcto? El profeta nos hace sentir incómodos. De uno en uno, mantenemos fuera de nuestras vidas a quienes nos hacen sentir incómodos.

Muchas iglesias carecen de un buen maestro, y de un sólido fundamento doctrinal para su ministerio. La persona que está orientada hacia la doctrina, está normalmente orientada hacia la verdad, en vez de estarlo hacia la aplicación práctica. Por esa razón, incluso un maestro excelente, que enseñe teología, doctrina y profecía semana tras semana, sin dar mucha aplicación práctica, tendrá una congregación frustrada.

Además de doctrina, las personas necesitan enseñanza sencilla, práctica, de cómo hacer las cosas. Por ejemplo, pensemos en el hombre que dice: "Sé que estoy fallando como padre, pero estoy cansado de que la gente me diga que no lo estoy haciendo bien. Quiero que alguien me muestre cómo llegar a ser un padre mejor." Por otro lado, no se le puede enseñar a un hombre como ser un mejor padre, si primero no se siente convencido de que *necesita* ser un mejor padre. Sin este convencimiento, la enseñanza práctica le entrará por un oído y le saldrá por el otro. Al mismo tiempo, el maestro práctico no puede ser efectivo si su enseñanza no está basada en la correcta teología, que sale de labios de un maestro capacitado.

Algunos maestros pueden convencer y explicar cómo hacer las cosas. Además de enseñar, tienen el don de exhortar o de profecía en grado secundario. Sin embargo, el profeta es normalmente aquel que nos inquieta o nos convence, y el exhortador práctico es que viene y nos dice cómo hacer las cosas. Este tipo de situación enfatiza además el equilibrio y la cooperación a los que se refiere la Biblia cuando habla de los dones espirituales.

El ministerio con equipos no significa exclusividad. Por ejemplo: Un hombre viene a nuestra iglesia pidiendo ayuda, y la secretaria le pregunta: "¿Es usted salvo?" Él dice: "No." Entonces, ella le dice: "En ese caso, usted necesita ir primero al final del pasillo y ver al Rvdo. Evangelista, para que pueda conducirlo a Cristo. Luego necesitará ir al otro lado del pasillo para ver al Dr. Maestro, para que pueda enseñarle lo que es correcto. Después de eso, debe subir las escaleras y dejar que el Consejero Exhortador le enseñe cómo puede usted resolver sus problemas." El ministerio con equipos involucra a personas que se destacarán en estas áreas diferentes del ministerio, porque siempre habrá algún solapamiento en todas las áreas de los dones y del ministerio.

Cuando se hace la suma en la tabla de la derecha, el resultado es *Equipo*. El equipo de un grupo de cristianos capacitados por el Espíritu Santo. Sin duda alguna, esta es la fuerza más poderosa que hay en la Tierra. Por años, hemos dejado que este poder maravilloso esté casi inactivo. Aunque tenemos la fuerza más poderosa sobre la Tierra, al no hacer nada con ella estamos dejando que el mundo y el humanismo asuman el control de nuestras escuelas, de nuestro gobierno, y de los medios de comunicación y entretenimiento. Como dijo Edmund Burke: "Lo único que necesita el mal para triunfar, es que los hombres buenos no hagan nada."

Crecimiento permanente
Cuando estas necesidades atendidas y los dones activos se unen, se tiene crecimiento. Pero, para que haya crecimiento perma-

nente, la iglesia tiene que atender todas estas necesidades en las vidas de sus miembros. Cuando se pasan por alto algunas de estas necesidades, las personas quedan incompletas. Subconscientemente tratarán de llenar las necesidades no atendidas. En muchos casos, ni siquiera están conscientes de que la necesidad existe. Lo único que saben es que hay un vacío en sus vidas; y simplemente siguen adelante, buscando otra iglesia que pueda atender sus necesidades.

Después de estar en diversas iglesias, estas personas algunas veces se retiran de ellas completamente, pensando que ninguna iglesia puede atender sus necesidades. Por supuesto, muy pocas iglesias pueden ministrar de una manera perfecta a todas estas necesidades. Pero cuantas más necesidades sean atendidas, más efectiva será la iglesia para tener un crecimiento permanente.

El equilibrio necesario para una iglesia
Algunas iglesias son fuertes en la evangelización. Pero aunque están logrando que las personas sean salvas, muchos de estos convertidos simplemente están saliendo por la puerta trasera por no tener un programa de seguimiento efectivo. Por otro lado, algunas iglesias tienen buenos ministerios de enseñanza, pero no evangelizan. La idea es lograr el equilibrio. La iglesia equilibrada es una iglesia que crece y es saludable.

En tres lugares donde Pablo escribe sobre los dones espirituales (Ro 12; 1Co 12; y Ef 4), él utiliza la analogía quíntuple de (1) el cuerpo humano, (2) el cuerpo de Cristo, (3) la iglesia, (4) los miembros que los tienen, y (5) los dones espirituales. La iglesia es comparada con el cuerpo humano. Los miembros con los diversos dones espirituales son comparados con las partes del cuerpo. 1 Corintios 12:12, 14, 15, 17, 18, 21, 22, dice:

Porque así como el cuerpo es uno, y tiene muchos miembros, pero todos los miembros del cuerpo, siendo muchos, son un solo cuerpo, así también Cristo... Además, el cuerpo no es un solo miembro, sino muchos. Si dijere el pie: Porque no soy mano, no soy del cuerpo, ¿por eso no será del cuerpo?... Si todo el cuerpo fuese ojo, ¿dónde estaría el oído? Si todo fuese oído, ¿dónde estaría el olfato? Mas ahora Dios ha colocado los miembros cada uno de ellos en el cuerpo, como él quiso… Ni el ojo puede decir a la mano: No te necesito, ni tampoco la cabeza a los pies: No tengo necesidad de vosotros. Antes bien los miembros del cuerpo que parecen más débiles, son los más necesarios.

La pregunta es ésta: ¿Cuándo funciona el cuerpo de Cristo de manera más real y eficiente? Cuando cada miembro está haciendo lo que le corresponde hacer. Cuando usted escribe con las manos, camina con los pies, oye con los oídos, ve con los ojos, y todos los miembros están trabajando juntos con un propósito común, está equilibrado y puede funcionar de manera eficiente.

Su responsabilidad, entonces, es preparar a los laicos para que pongan en práctica los dones espirituales que Dios les ha dado, en un esfuerzo de equipo con el resto del cuerpo con sus diversos dones, para atender las necesidades de cada persona posible. Para crear este equipo efectivo, todos los dones deben estar funcionando en la iglesia local, atendiendo de esa manera las necesidades de todas las personas de esa iglesia o de la comunidad. Nos complementamos unos a otros, y nos ocupamos de las necesidades mutuas; por consiguiente, formamos un equipo efectivo.

El principio del "dedo meñique"

Algunos laicos piensan: "Sé que soy parte del cuerpo, pero soy simplemente el dedo meñique. No soy realmente importante. No tengo mucha parte en el cuerpo de Cristo, y no soy efectivo en absoluto."

Conozco a un hombre que se le desprendió el meñique en un accidente. El dedo meñique tiene mucho que ver con el equilibrio del cuerpo. Si un laico es el meñique en su iglesia, tiene el mismo efecto en la iglesia (el cuerpo de Cristo) como el meñique de este hombre en su cuerpo. Ese laico es el equilibrio de su iglesia.

El meñique, en realidad, no tiene ningún músculo importante en él. Si una persona pierde el equilibrio y comienza a caerse, el meñique no tiene músculos grandes que puedan evitar que la persona se caiga. Pero envía de inmediato una señal al cerebro, que dice: "Perdió el equilibrio." Entonces el cerebro envía una señal a otros músculos diferentes para que se contraigan y evitar así que la persona se caiga. Mi amigo que no tenía el meñique descubrió que si corría, o caminaba muy rápido, o si simplemente no estaba poniendo atención, perdía su equilibrio y se caía.

La peor cosa que pueden hacer los laicos que son "dedos meñiques" es quedarse dormidos. El meñique que se va a dormir, al igual que el pie que se va a dormir, afecta a todo el cuerpo. Si usted tiene algunas personas dedo meñique que se han quedado dormidas en el trabajo, ellas pudieran ser parte de lo que está frenando a su iglesia. Por consiguiente, como pastor-capacitador, asegúrese de decir a cada miembro del equipo lo importante que es para el cuerpo funcione de manera efectiva.

Según Proverbios 18.15: "El corazón del entendido adquiere sabiduría; y el oído de los sabios busca la ciencia." Modelar y fomentar la educación continua, es de las principales responsabilidades del pastor principal. Harold J. Westings afirma: "Es muy lógico que el personal de la iglesia sea un modelo de cómo debe funcionar un equipo." Compre buenos libros para que los lean sus líderes. Anímelos a escuchar CD o podcasts edificantes. Envíelos a seminarios.

Cuantos más miembros de la iglesia ministren en las áreas que tienen dones, más equilibrada será la iglesia, más crecimiento numérico y espiritual permanente tendrá lugar, y más enaltecido será Dios.

"Había entonces en la iglesia que estaba en Antioquía, profetas y maestros: Bernabé, Simón el que se llamaba Niger, Lucio de Cirene, Manaén el que se había criado junto con Herodes el tetrarca, y Saulo. Ministrando éstos al Señor, y ayunando, dijo el Espíritu Santo: 'Apartadme a Bernabé y a Saulo para la obra a que los he llamado.' Entonces, habiendo ayunado y orado, les impusieron las manos y los despidieron" (Hch 13.1-3).

Oliver Wendell Holmes escribió una vez: "Encuentro que lo importante no es tanto donde estamos, sino en qué dirección estamos yendo. Para llegar al puerto del cielo debemos navegar, a veces con el viento, y a veces en contra de él, pero de debemos navegar y no ir a la deriva, y no anclarnos."

Hemos hablado de la importancia de los equipos de laicos para el ministerio. También hemos visto el papel del pastor-capacitador en el éxito de los equipos. Pero llega un momento en que debemos pasar de la sesión de la estrategia al campo de juego.

Marlene Wilson escribe acerca de pasar a ese campo de juego:

Para lograr que los que están sentados en las bancas se muevan, el pastor puede hacer varias cosas. Puede conversar con los miembros nuevos para descubrir sus puntos fuertes y sus dones. Debe definir los objetivos del liderazgo. Si los miembros y líderes en preparación saben qué esperar en su papel como líderes, no serán ahuyentados por el temor de su escaso conocimiento o mucha responsabilidad. Debe enseñar un método de liderazgo que permita a todos servir con sus fortalezas y debilidades, y con sus preocupaciones y sus sueños. Puede estimular a los líderes naturales, al mismo tiempo que se asegura de que los no naturales no se vean obligados a ejercer papeles de liderazgo.[1]

En una entrevista con el general Norman Schwarzkopf, comandante de las fuerzas aliadas en la Guerra del Golfo, David Frost le preguntó: "¿Cuál es la lección más importante que usted ha aprendido de todo esto?"

Schwarzkopf respondió:

Creo que hay una verdad militar fundamental. Y es el hecho que se puede aumentar la correlación de fuerzas; se puede mirar el número de tanques; se puede mirar el número de aviones; se pueden mirar todos estos factores de poderío militar, y juntarlos. Pero a menos que el soldado en el terreno o el aviador en aire tengan la voluntad de ganar, tengan la fortaleza de carácter para meterse en la batalla, crean que su causa es justa, y tengan el apoyo de su país, todas esas cosas son irrelevantes.

Lo mismo sucede con los equipos de ministerio de la iglesia. Si cada persona no está convencida de que la causa bien vale el precio, la batalla nunca se ganará, y el equipo no tendrá éxito. Debe haber dedicación. ¡Tenemos que hacer que el equipo se meta en el campo de juego!

Sin embargo, una encuesta Gallup realizada en 1993 sobre la religión en los Estados Unidos, descubrió que el 50% de los miembros de las iglesias no están dispuestos a hacer nada por la iglesia; que 40% están esperando que se les pida que lo hagan; y que solamente el 10% estaban involucrados en ese momento en el ministerio de la iglesia. Estos porcentajes, sin lugar a dudas, tendrán que cambiar drásticamente si la iglesia de Estados Unidos desea hacer el impacto que Dios quiere que haga. Los equipos de acción para el ministerio son la respuesta. Llegó el momento de incluir y de capacitar a ese 40% que está esperando que se les pida que se involucren.

CÓMO HACER POSIBLE QUE LOS EQUIPOS DE ACCIÓN PARA EL MINISTERIO TENGAN ÉXITO

Cuando usted ha educado a su congregación y descubierto los dones de sus miembros, tiene la libertad para formar sus equipos de acción para el ministerio. Pero antes de que los equipos estén totalmente formados, los miembros del equipo y el pastor-capacitador tienen que entender las cuatro fases diferentes en el crecimiento de una persona para su participación en el ministerio de la iglesia:

Asimilación. En la incorporación, la persona llega a entender cómo convertirse en parte de la iglesia local.

Enseñanza. A quienes son asimilados a la iglesia, se

les debe enseñar la base bíblica para el ministerio de los laicos.

Desarrollo. Por medio de la comprobación de sus dones, y de las características de su personalidad, los miembros de la iglesia comenzarán a descubrir sus dones y su llamamiento espiritual.

Ubicación. El objetivo final es que cada miembro llegue a ser un ministro en alguna habilidad.

Pero no solamente el miembro de la iglesia debe crecer desde su asimilación inicial hasta su ubicación en el ministerio de la iglesia; el papel del pastor debe también "crecer" a través de las diferentes fases. A medida que la iglesia crezca, el ministerio especializado del pastor disminuirá, mientras que el de la congregación aumentará. Y ese ministerio especializado será hecho más eficientemente por equipos de personas con diversos conocimientos y destrezas, no por quienes sean simplemente "clones" del pastor.

CÓMO ATENDER LAS NECESIDADES DE LOS MIEMBROS DEL EQUIPO

En su libro titulado *Team Building: An Exercise in Leadership* [Formación de equipos: Un ejercicio en cuanto a liderazgo], Robert B. Maddox enumera siete cosas que el miembro de un grupo necesita de su instructor, para ser eficiente:

- Un entendimiento básico de su trabajo y de su contribución al equipo.
- Un entendimiento permanente de lo que se espera de él.
- La oportunidad de participar en los cambios de planificación, y de funcionar en armonía con las habilidades del equipo.
- La oportunidad de recibir ayuda cuando la necesite.

- Comentarios y sugerencias en cuanto a lo que hace.
- Reconocimientos y recompensas basados en su desempeño.
- Un trabajo apropiado en una atmósfera que propicie el desarrollo personal.[2]

No es solamente el instructor quien debe aplicar firmemente estos principios en la creación de los equipos de acción para el ministerio; también los miembros del equipo deben adoptar lo que yo llamo "Los siete principios celestiales".

Los siete principios celestiales

- Demuéstrense amor unos a otros.
- Instrúyanse unos a otros
- Aprendan como grupo.
- Reconozcan los dones para el ministerio.
- Tengan "la actitud de Cristo".
- Comprométanse con la causa de Cristo.
- Celebren las victorias juntos.

PASAR A LA FILOSOFÍA DE LOS EQUIPOS DE ACCIÓN PARA EL MINISTERIO

Cada vez que una iglesia intenta pasar de una filosofía de ministerio a otra, surgirán algunas cuestiones fundamentales:

- Cuestión 1. Inclusión (¿Quiénes estarán en el equipo?)
- Cuestión 2. Dirección (¿Quién lo dirigirá?)
- Cuestión 3. Convicción (¿Qué tanta confianza se le puede tener?)
- Cuestión 4. Implementación (¿Cómo lograremos nuestras metas?)

Formar un equipo no es como hacer café instantáneo; es más que la técnica de "preparar" una bebida. Toma tiempo y requiere paciencia, tanto por parte del entrenador como de los jugadores. El proceso no es tan encantador como algunos pueden llevarle a creer. De hecho, muchas iglesias han creado equipos de acción para el ministerio y los han visto tener problemas desde el comienzo.

No obstante, un eficiente equipo de acción para el ministerio verá el proceso de crecimiento de una manera realista. Por ejemplo, el primer año de cambio a actividades con los equipos de acción para el ministerio, es normalmente de experimentación. Es fácil que surjan el desánimo y la frustración si se ven solamente unos pocos resultados tangibles de inmediato. Entender las siguientes etapas diferentes en cuanto al desarrollo de los equipos para el ministerio, y los posibles "problemas propios del crecimiento" inherentes a cada etapa, ayudará a evitar el desánimo.

- De organizarse (para el ministerio de equipo)
- De aportar ideas (para crear visión)
- De fijar normas (para la consistencia del ministerio)
- De cómo hacer el trabajo (para realizarlo en el poder del Espíritu Santo)

Todos los que habían creído estaban juntos, y tenían en común todas las cosas; y vendían sus propiedades y sus bienes, y lo repartían a todos según la necesidad de cada uno. Y perseverando unánimes cada día en el templo, y partiendo el pan en las casas, comían juntos con alegría y sencillez de corazón, alabando a Dios, y teniendo favor con todo el pueblo. Y el Señor añadía cada día a la iglesia los que habían de ser salvos (Hch 2.44-47).

LA DESIGNACIÓN DEL EQUIPO APOSTÓLICO

Después subió al monte, y llamó a sí a los que él quiso; y vinieron a él. Y estableció a doce, para que estuviesen con él, y para enviarlos a predicar, y que tuviesen autoridad para sanar enfermedades y para echar fuera demonios: a Simón, a quien puso por sobrenombre Pedro; a

Jacobo hijo de Zebedeo, y a Juan hermano de Jacobo, a quienes apellidó Boanerges, esto es, Hijos del trueno; a Andrés, Felipe, Bartolomé, Mateo, Tomás, Jacobo hijo de Alfeo, Tadeo, Simón el cananista, y Judas Iscariote, el que le entregó. Y vinieron a casa (Mr 3.13-19).

LAS SIETE ACCIONES DE LA IMPLEMENTACIÓN

Implementar un ministerio con equipos implica siete acciones distintas:

- Crear el sueño para la edificación del Reino
- Estructurar al equipo para un ministerio completo
- Precisar el papel de cada líder de equipo
- Comunicar información importante a todo el equipo
- Permitir al equipo innovar y crear
- Reconocer las debilidades inherentes en todos los humanos
- Alentar al equipo para que haga el ministerio en el nombre de Jesús

LA PUESTA EN MARCHA DE LOS EQUIPOS DE ACCIÓN PARA EL MINISTERIO

El gran entrenador de los Dodgers, Tommy Lasorda, dijo una vez: "Mi responsabilidad es hacer que mis veinticinco hombres jueguen por el nombre que tienen delante de su uniforme, no por el que tienen detrás." Integrar los dones y las personalidades de las personas en un equipo unido, no es un desafío pequeño, pero con la ayuda de Dios es posible hacerlo. Permítame sugerirle nueve pasos para poner en marcha su equipo.

Paso 1: Decida sus áreas de ministerio

Le sugiero que categorice todo el ministerio de su iglesia en áreas independientes. Por ejemplo: Educación cristiana, edificio y mantenimiento, adoración, compañerismo, evangelización, y así por el estilo. (Vea los siete equipos de acción para el ministerio en el capítulo 6.) Se pueden constituir equipos de acción para el ministerio, para que supervisen los ministerios de esas áreas.

Los equipos para esas áreas de ministerios deben formarse y designarse en base a sus destrezas e intereses en esas áreas.

Paso 2: Estructure su equipo
¿Cuántos miembros tendrá el equipo? ¿Cuándo tiempo servirá el equipo? ¿Cuál será la principal función del equipo? Éstas son algunas de las preguntas que deberán ser respondidas por escrito en una descripción de las funciones, que usted preparará para su equipo. La buena delegación comienza con la buena dirección.

Chris Russell ofrece este excelente consejo:

Recuerde que es mejor delegar responsabilidades que tareas específicas. De esa manera, usted pude dar dirección general sin tener que mantenerse asignando tareas nuevas. Asegúrese de que la persona tenga la autoridad para cumplir con la responsabilidad delegada. Debe tener la facultad de tomar decisiones dentro de los parámetros que usted establezca. Entienda que no está mal que los laicos cometan errores. Con tal de que no sea siempre el mismo error, eso demuestra que están aprendiendo, creciendo y experimentando cosas nuevas.[3]

Paso 3: Evalúe a los miembros potenciales del equipo
Como se ha dicho, cada miembro de equipo es único. Los niveles de capacidad serán diferentes. Las personalidades serán diferentes. El entrenador avezado se dará cuenta de cómo pueden esas personas únicas trabajar juntas como un equipo. Sin embargo, por regla general, los compañeros de equipo potenciales deben tener al menos cierto grado de compatibilidad.

Por supuesto, el primer ingrediente al estructurar un equipo, es la oración. La Palabra de Dios promete: "Y si alguno de vosotros tiene falta de sabiduría, pídala a Dios, el cual da a todos abundantemente y sin reproche, y le será dada" (Stg 1.5). Puesto que Dios los creó, Él conoce el potencial de los miembros del equipo, mucho más que lo que nosotros podremos conocer jamás. Sabe exactamente qué persona es la que debe estar en su equipo.

Paso 4: Escoja los líderes
Red Auerbach, el famoso entrenador de los Boston Celtics (Celtas de Boston) dijo una vez: "La manera como usted seleccione a las personas, es mucho más importante que la manera de dirigirlas una vez que están en el trabajo." Según Bobb Biehl, tener los actores acertados determina entre el sesenta y el ochenta por ciento del éxito de cualquier organización. ¡Y tener los líderes acertados es igualmente importante! Escoger excelentes líderes de equipos es uno de los pasos más cruciales para crear equipos excepcionales de acción para el ministerio. Una de las características de un entrenador competente, es la capacidad de reconocer los buenos jugadores. Pablo modeló esta cualidad en el caso de Timoteo: "Después llegó a Derbe y a Listra; y he aquí, había allí cierto discípulo llamado Timoteo, hijo de una mujer judía creyente, pero de padre griego; y daban buen testimonio de él los hermanos que estaban en Listra y en Iconio. Quiso Pablo que éste fuese con él; y tomándole, le circuncidó por causa de los judíos que había en aquellos lugares; porque todos sabían que su padre era griego" (Hch 16.1-3).

Es maravilloso ser un buen entrenador por naturaleza, y tener la habilidad de escoger los líderes potenciales. Pero Jesús fue aún más lejos. Antes de iniciar la capacitación de sus discípulos, pasó primero toda una noche en oración, para asegurarse de escoger los líderes correctos: "En aquellos días él fue al monte a orar, y pasó la noche orando a Dios. Y cuando era de día, llamó a sus discípulos, y escogió a doce de ellos, a los cuales también llamó apóstoles" (Lc 6.12, 13).

Los doce hombres que escogió Jesús para su equipo, parecían destinados a ser un desastre, pero Él vio el potencial que había en ellos. Aunque parecía muy improbable que esos doce hombres diferentes pudieran trabajar juntos como un equipo armonioso, en Hechos 2.1 los vemos todos unánimes y en un mismo lugar. Jesús los había moldeado para que fueran un equipo operativo. Pero recordemos que ellos tuvieron sus fracasos en algún momento, hasta el punto de abandonar a Jesús durante la experiencia de la crucifixión. ¡De modo que no se desespere cuando vea que fallen!

Don Cousins habla de cuatro pasos importantes que deben darse al seleccionar los actores correctos para liderar los equipos:

> *Fortaleza de carácter.* ¡Nada es más importante! Esto implica cualidades tales como la disciplina, la honestidad, la docilidad, la humildad, la fidelidad y la seriedad.
>
> *Autenticidad espiritual.* ¿Tiene la persona un corazón completamente del Señor? ¿Tiene una vida devocional vibrante, y comparte su fe con los demás? "Porque los ojos de Jehová contemplan toda la tierra, para mostrar su poder a favor de los que tienen corazón perfecto para con él" (2Cr 16.9).
>
> *Apto para el ministerio.* Lo que las personas hacen debe reflejar lo que son, con sus dones espirituales, su temperamento, su pasión, su personalidad, su trasfondo.
>
> *Apto para el equipo.* Los miembros del equipo que se llevan bien, y que cultivan la compañía mutua, trabajarán mejor y serán más productivos.

En su libro, *Developing the Leaders Around You* [Cómo desarrollar sus líderes], John c. Maxwell dice que cuando el escoge líderes, busca personas que:

- Conozcan el corazón de él, lo cual toma tiempo.
- Sean leales a él, porque son una extensión de él y de su trabajo.
- Sean dignas de crédito, que no abusen de su autoridad, poder o de la confianza.

- Sean prudentes, porque hacen decisiones por él.
- Tengan un corazón de siervo, porque llevarán una carga pesada.
- Sean buenos pensadores, porque dos cabezas piensan mejor que una.
- Sean capaces de aceptar y ceñirse a la autoridad, y cumplir con la misión.
- Tener un gran corazón para Dios, porque esa es la fuerza motivadora de la vida de Maxwell.[4]

Paso 5. Forme el equipo
El investigador religioso George Barna dice que uno de cada cuatro adultos, el 24%, ofrecen voluntariamente su tiempo libre para participar en la vida de la iglesia. Movilizar a este gran ejército de voluntarios para que trabajen en equipos es clave para el éxito de la iglesia local.

Hay que considerar algunos procedimientos importantes al formar los equipos:

- Dar a cada uno la oportunidad ser parte de ellos.
- Dejar en claro las tareas del ministerio.
- Establecer objetivos de ministerio que puedan ser medidos.
- Delegar, con el permiso para cometer errores.
- Exigir rendición de cuentas en cada nivel de ministerio.
- Evaluar y revisar con frecuencia. (Los planes del ministerio ser calibrados a la luz del plan general de la visión de la iglesia.)
- Estar listo para hacer ajustes.
- Tomar la decisión de perseverar.

Paso 6: Proporcione entrenamiento adecuado
Los líderes militares no pensarían en enviar a sus soldados a la batalla sin el debido entrenamiento. Los líderes de la iglesia tampoco deben hacerlo. Para estar preparados para sus tareas

del ministerio, los laicos necesitan períodos de capacidad adecuada. "¿Qué rey, al marchar a la guerra contra otro rey, no se sienta primero y considera si puede hacer frente con diez mil al que viene contra él con veinte mil? (Lc 14.31).

Por su agenda de actividades, la iglesia local tiene tiempos de entrenamiento intrínsecos: La escuela bíblica, los servicios a mediados de semana, las clases antes de los servicios, y otras oportunidades que pueden convertirse en sitios de "entrenamiento básico" para los reclutados para los equipos de acción para el ministerio. La resistencia a poner fin a las estructuras tradicionales puede ser vencida por medio de un trabajo diligente de preparación del terreno, para enseñar a toda la congregación la importancia de los equipos y de su base bíblica.

Los tiempos de entrenamiento pueden consistir en presentaciones audiovisuales, tareas en clase, charlas por invitados, tiempos de discusión, tiempos informales de refrigerios y, por supuesto, entrenamiento práctico. Deben hacerse todos los esfuerzos posibles para dar un carácter profesional, pero personal, a las sesiones.

El pastor-capacitador nunca sabe qué persona potencialmente extraordinaria para el ministerio pueda estar en la clase. La revista *The Free Methodist* dio estos ejemplos:

Un niño de seis años llegó a su casa con una nota de su maestra, que decía que debía ser retirado de la escuela porque era "demasiado estúpido para aprender". Ese niño fue Thomas A. Edison.

El abuelo de Alfred Tennyson le dio diez chelines para que escribiera unos versos de elogio para su abuela. El viejo hombre tomó lo que escribió, se lo entregó al muchacho, y le dijo: "Aquí tienes el primer dinero que ganaste por tu poesía; y, créeme: Será el último que ganes."

La suegra de Benjamín Franklin tuvo dudas al permitir que su hija se casara con un impresor. Ya había dos imprentas en los Estados Unidos, y temía que el país pudiera no ser capaz de favorecer una tercera.

Paso 7: Reconozca públicamente a las personas elegidas
La culminación de las sesiones de entrenamiento es un momento excelente para hacer un reconocimiento público al nombramiento del equipo de acción para el ministerio, y a los esfuerzos de capacitación de sus miembros. ¡A todo el mundo le encanta una celebración! Un culto de adoración de un domingo por la tarde, por ejemplo, pudiera incluir una presentación de la base bíblica en cuanto al ministerio de los equipos, y a la dedicación del equipo para su trabajo. El culto puede ser también un tiempo excelente para presentar el plan de salvación a las personas invitadas por el equipo al servicio de dedicación.

En su libro titulado *Sources of Strength* [Fuentes de fortaleza], el ex presidente Jimmy Carter recuerda su caminata por la Avenida Pennsylvania con los miembros de su familia, después de la ceremonia de investidura como presidente. A la madre de Carter se le había dicho que no se detuviera para responder preguntas de los reporteros, pero ella ignoró el consejo y respondió a uno que le preguntó: "Miss Lilian, ¿no está usted orgullosa de su hijo?"

El presidente Carter dijo que su madre respondió: "¿De cuál de ellos?"

Sin duda, su equipo de acción para el ministerio debe entender que "al pie de la cruz todos estamos al mismo nivel", todos hemos sido adoptados en el mismo cuerpo. Pero un pequeño reconocimiento por la dedicación y los esfuerzos de los miembros del equipo, les vendrá bien cuando la carga del ministerio se vuelva pesada, y sobrevengan momentos de desánimo. Podrán recordar su servicio de dedicación como un punto de referencia.

Pablo alentó a la iglesia a dar reconocimiento a quienes se lo ganan: "Pagad a todos lo que debéis: al que tributo, tributo; al que impuesto, impuesto; al que respeto, respeto; al que honra, honra" (Ro 13.7).

Paso 8: Dé libertad al equipo para hacer su ministerio
Una iglesia bautista puso la mira en un indigente muy conocido de la comunidad. Lo habían invitado varias veces a la iglesia, pero rechazaba la invitación diciendo que no tenía una ropa buena para ponerse.

Finalmente, algunos miembros de la iglesia decidieron hacer algo en cuanto a la excusa de la ropa. Lo invitaron al almacén de la comunidad, y le compraron un hermoso traje nuevo, camisa, corbata y zapatos. "¡Listo!" El orgulloso comité le dijo: "Te estaremos esperando este domingo."

Llegó el domingo, y no había ninguna señal del hombre con la ropa nueva. El pastor lo encontró la semana siguiente, y le preguntó por qué no había venido a la iglesia. "Bueno, la verdad es, Reverendo —respondió el hombre— que me miré en el espejo y vi lo bien que lucía, ¡por lo que decidí ir a la Primera Iglesia Presbiteriana!"

Su equipo de acción para el ministerio puede estar bien vestido, bien entrenado, y bien reconocido, pero llega un momento en que debe ser dejado en libertad para que haga su ministerio en las áreas para las cuales han sido designados. La horrible tendencia en algunas iglesias es pasar demasiado tiempo capacitando, y no suficiente para la implementación.

El pastor-capacitador ha dado ya al equipo "autoridad para hacer el trabajo". Los miembros del equipo saben que tienen la autoridad para ministrar dentro de los parámetros de su descripción de funciones. Ahora es el momento para que el equipo salga del vestuario al campo de juego.

Los pastores-capacitadores deben resistir el impulso de supervisar hasta el último detalle. A los líderes de los equipos de acción para el ministerio se les debe dar suficiente tiempo y espacio para que hagan su trabajo sin hacer que se sientan paranoicos. Deben aprender a perseverar cuando arrecie la batalla.

Og Mandino da un ejemplo excelente de lo que puede suceder con la perseverancia. Cuenta la historia de Rafael Solano y sus compañeros, que estuvieron buscando diamante en el lecho seco de un río. Desanimado, Solano aseveró que había recogido 999 999 piedras, y que estaba tirando la toalla. Sus compañeros le dijeron: "Recoge una más, y llega al millón." Esa piedra número un millón fue "El libertador", el diamante más grande y más puro jamás encontrado. Escribe Mandino: "Pienso que él (Solano) debió haber conocido una felicidad que iba más allá de lo financiero. Había tomado un rumbo; las probabilidades estaban en su contra; pero había perseverado, y había ganado. Había hecho no solamente lo que se había propuesto —lo cual es una recompensa en sí misma —sino que también lo había logrado haciendo frente al fracaso y la incertidumbre."[5]

Paso 9: Dirija una sesión para hablar de lo ocurrido
Después que el equipo de acción para el ministerio haya realizado su primera tarea, es el tiempo para que se reúnan para tener un tiempo de informe. Este es un buen momento para hablar de sus temores, sus fracasos y sus triunfos, en un ambiente agradable.

También es un buen momento para darles una palmadita en la espalda por un trabajo "bien intentado". A todos nos gusta que aprecien nuestros esfuerzos. El estímulo que usted dé a su equipo después de su primera tarea, pudiera muy bien sentar las bases para sus esfuerzos futuros.

Fue el presidente Gerald Ford quien firmó una ley ascendiendo póstumamente a George Washington al rango de general de seis estrellas. El Congreso le había dado ese rango al hombre que habría de convertirse en el primer presidente por una ley aprobada el 3 de marzo de 1799, pero el entonces presidente John Adams nunca hizo nada para someter el nombre de Washington al Senado para la confirmación.

¡Un pastor-capacitador o un líder de equipo efectivos, están siempre presentes en el departamento de reconocimientos!

ENTENDER LAS PRIORIDADES DEL MINISTERIO

Considere este informe del comité de búsqueda de un pastor:

En nuestra búsqueda de un pastor idóneo, la siguiente hoja hecha a la ligera fue preparada para que la iglesia la examine. De los candidatos analizados, el comité encontró que solamente uno reúne las cualidades necesarias. La lista contiene los nombres de los candidatos y los comentarios sobre cada uno de ellos, en caso de que estén interesados en analizarlos más para futuros pastorados.

Noé: Tiene 120 años de experiencia en cuanto a predicación, pero no ha tenido ningún convertido.
Moisés: Tartamudea, y su congregación anterior dice que estalla de la ira por cosas triviales.
Abraham: Se fue a Egipto en un tiempo difícil. Nos enteramos de que se metió en problemas con las autoridades, y que después trató de disculparse mintiendo.
David: Tiene un carácter moral inaceptable. Podría haber sido considerado para ministro de música, de no haber fallado.
Salomón: Tiene fama por su sabiduría, pero no practica lo que predica.
Elías: Demostró ser inconsistente, y es conocido por desplomarse bajo la presión.
Oseas: Su vida familiar es un desastre. Se divorció y se casó de nuevo con una prostituta.
Jeremías: Es demasiado sentimental, un alarmista; algunos dicen que es una persona molesta.
Amós: Proviene de una familia de agricultores. Es mejor recogiendo higos.
Juan: Dice que es bautista, pero le falta tacto y se viste como un hippie. No se sentiría cómodo en una *potluck* (cena o comida a la canasta) de la iglesia.
Pedro: Tiene mal carácter, y una vez se le oyó negar a Cristo públicamente.

Pablo: Descubrimos que le falta tacto. Es demasiado duro, su aspecto es vergonzoso, y predica demasiado largo.

Timoteo: Tiene el potencial, pero es demasiado joven para el cargo.

Jesús: Tiende a ofender a los miembros de la iglesia con su predicación, especialmente a los eruditos bíblicos. También es demasiado controversial. Hasta ofendió a nuestro comité de búsqueda de pastor con preguntas sarcásticas.

Judas: Pareció ser muy práctico, cooperador, bueno con el dinero, se preocupa por los pobres, y se viste bien. Todos estuvimos de acuerdo en que es el hombre que estamos buscando para ocupar la vacante de nuestro pastor principal.

Gracias por todo lo que hicieron al ayudarnos en nuestra búsqueda de un pastor.

Sinceramente.

El comité de búsqueda de pastor

Aunque este comité de búsqueda puede destacarse como el más inflexible jamás visto, un pastor-capacitador que entienda como priorizar el ministerio en la iglesia local, siempre se destacará en las mentes de los líderes de ella.

Al famoso beisbolista Babe Ruth se le preguntó cómo podía él superarse en las grandes ocasiones, cómo podía salir a batear con el partido en peligro en la segunda parte de la novena entrada, y pegarle a la pelota para anotar la carrera ganadora del partido.

Ruth dio esta sencilla respuesta: "Simplemente, mantengo la vista puesta en la pelota."

El ministerio que gana el juego se enfoca en las prioridades. Y la primera prioridad es buscar primero el reino de Dios y su justicia (Mt 6.33).

Las áreas que siguen a continuación merecen prioridad absoluta para la formación de equipos de acción para el ministerio:

El contexto del ministerio. La iglesia debe entender por qué razón los pastores hacen lo que hacen.
Los factores que afecten el éxito del ministerio. Hay que prestar atención a los obstáculos antes de crear los equipos para el ministerio.
Los planes de acción. Los miembros del equipo para el ministerio deben tener voz en la creación de las estrategias clave.
Los canales de comunicación. Hay que fijar líneas de información claras.
La implementación de etapas y cronogramas. Debe hacer un objetivo específico y plazos límites en los cronogramas del ministerio con equipos.
El control, la revisión y la evaluación. Se debe crear una planilla de evaluación para monitorizar y revisar los logros de los equipos para el ministerio.

EL LEGADO DE LIDERAZGO DE JOHN WOODEN

John Wooden, entrenador del equipo de basquetbol Bruins, de la Universidad de California en Los Ángeles, ganó sorprendentemente ochenta y cuatro partidos seguidos, treinta y seis partidos de la serie final, y diez campeonatos nacionales. Al señalar el trabajo en equipo como la clave de la victoria, Wooden dio el acróstico TEAM WORK (trabajo en equipo, en inglés):

T(–ogether) – juntos. Necesitamos trabajar juntos, en vez de hacerlo como personas individuales.
E(–mpathy) – empatía. Necesitamos empatía para todos los miembros del equipo.
A(–sist) – asistencia. Necesitamos dar asistencia a otros.

M(–aturity) – madurez. Necesitamos madurez para manejar los problemas.
W(–illingness) – disposición. Necesitamos estar dispuestos a trabajar juntos en armonía.
O(–rganization) – organización. Necesitamos organización correcta para tener un funcionamiento sin complicaciones.
R(–espect) – respeto. Necesitamos respeto para el instructor y los otros miembros del equipo.
K(–indness) – generosidad. Necesitamos generosidad para con todas las personas que entremos en contacto.

Además, John Wooden siempre recalcó que "un equipo es un grupo de personas trabajando juntas con un propósito común." Un grupo de personas que no sepan cuál es su propósito común no es un equipo, aunque puedan llamarse a sí mismo un equipo. Un equipo verdadero sabe cuál es su llamamiento. Así como la filosofía de John Wooden producía resultados medibles en la cancha de basquetbol, el trabajo de equipo en la iglesia producirá resultados tangibles, crecimiento y más crecimiento.

Consejos para la creación de equipos

- Capacitar en varias disciplinas a los líderes de equipos para el ministerio.
- Crear expectativas y maneras de pensar comunes en todos los miembros del equipo.
- Eliminar la duplicación de planes en el ministerio de los equipos.
- Hacer uso de la toma de decisiones por consenso en la fijación de las prioridades del equipo.
- Celebrar los "días especiales" de los compañeros del equipo.
- Evaluar la eficiencia del equipo.

- Responsabilizar a los líderes de los equipos por las decisiones que tomen.
- Pedir palabras positivas a los compañeros negativos del equipo.
- Demostrar respeto a las familias de los miembros del equipo.
- Integrar objetivos con evaluaciones.
- Dar al equipo pastoral remunerado un sueldo anual basado en el desempeño del equipo.
- Dirigir una reunión con todos los miembros para recoger y debatir ideas en cuanto al ministerio.

CONSEJO PRÁCTICO

Para desarrollar técnicas interpersonales
Implementar los equipos de acción para el ministerio en cualquier iglesia local requerirá cambios, y manejar ese cambio exige un alto grado de técnica relacional. Conozca los secretos para manejar bien el cambio en el libro *Cinco secretos para líderes excepcionales*, por Stan Toler.

CAPÍTULO 5
CÓMO AFINAR LOS EQUIPOS DE ACCIÓN PARA EL MINISTERIO

Así, pues, nosotros, como colaboradores suyos, os exhortamos también a que no recibáis en vano la gracia de Dios. (2Co 6.1)

Mi entrenador de básquetbol en la universidad, David Lattimer, fue uno de los entrenadores más competentes para los cuales he jugado alguna vez. El entrenador Lattimer entendía los puntos fuertes y los puntos débiles de cada uno de los miembros del equipo. Entendió que mi hermano, Terry, era un excelente anotador y creador de jugadas. ¡También sabía que yo era un jugador de béisbol con ropa de básquetbol! Muchas veces, cuando me enviaba al juego, decía: "Stan, recuerda dos cosas: Primera, encuentra al que marca más tantos, ¡y haz que cometa faltas hasta que seas tú quien las cometa! ¡No le permitas que se meta en nuestro terreno, para que marque tantos! Y, segunda, sea lo que sea que hagas, no trates de encestar… a menos que ellos te permitan hacer un tiro libre. ¡Pero, ten cuidado!" Francamente, al comienzo no entendí por qué no se me permitía encestar como mi hermano, Terry. Pero al final comprendí que mi papel era muy valioso para el equipo. Yo nunca estaba en la cancha por largo tiempo, pero era importante porque impedía que el equipo contrario hiciera grandes jugadas. ¡Al final, me di cuenta de que era un colaborador efectivo para el triunfo del equipo!

CELEBRE LA SINGULARIDAD

El famoso jugador de básquetbol Bill Walton dijo: "En el básquetbol, usted puede ser el jugador más grande del mundo, y perder todos los juegos, porque un equipo derrotará siempre a una sola persona." El equipo de ministerio de la iglesia es el instrumento de Dios para dar respuesta a las necesidades de las personas de su comunidad, y también de su iglesia. Su responsabilidad como pastor-capacitador es animar a los laicos a hacer uso de los dones espirituales que Dios les ha dado, en un esfuerzo de equipo por atender esas necesidades.

El entrenador Lattimer reconocía obviamente mis limitadas capacidades, y encontró el mejor lugar para mí en el equipo. De igual manera, si los equipos de la iglesia esperan tener éxito, el pastor-capacitador tiene que motivar al equipo a tener entusiasmo en cuanto a sus aptitudes singulares y a sus áreas especializadas de ministerio.

DEFINA EL ÉXITO EN TÉRMINOS PRÁCTICOS

No es lo que son los laicos lo que los limita, sino lo que ellos piensan que no son. Muchos laicos viven muy por debajo de su potencial. Otros están viviendo a la altura de su potencial, pero tienen una autoestima tan baja que no reconocen eso. Son mucho más exitosos dque ellos piensan que son.

La tarea del pastor-capacitador es desarrollar el potencial de los miembros del equipo del ministerio, haciéndoles conscientes de lo que es, en realidad, el verdadero éxito. Las personas "exitosas" son las que han descubierto la voluntad de Dios, y están viviendo en ella al máximo de sus capacidades. Se ha dicho con mucha razón que: "Conocer a Dios es el conocimiento más grande; y hacer la voluntad de Dios, el logro más grande."

Cuando un pastor tiene una congregación que está haciendo la voluntad de Dios, será más fácil reclutar miembros para el equipo de acción para el ministerio. Dado que la iglesia local es un poco como una empresa, son muy importantes las características que menciona Glenn M. Parker en cuanto a un equipo empresarial exitoso, en su libro Team Players and Teamwork (Los jugadores del equipo y el trabajo en equipo). Ellas son:

Propósito claro. La visión, la misión, la meta o la tarea del equipo han sido definidas, y es ahora aceptada por todos. La declaración ha sido seguida con un plan de acción.

Informalidad. La atmósfera tiende a ser informal, cómoda y relajada, sin tensiones evidentes o señales de aburrimiento.

Atención. Los miembros utilizan técnicas efectivas en cuanto a atención, tales como hacer preguntas, parafrasear y resumir para obtener ideas.

Desacuerdo civilizado. Hay desacuerdos, pero el equipo se siente cómodo con el mismo, y no muestra indicios de evitar, suavizar o suprimir el conflicto.

Toma de decisiones por consenso. En cuanto a las decisiones importantes, la meta es el acuerdo sustancial, pero no necesariamente unánime. Esto se basa en la discusión franca de las ideas de todos, y evita la votación formal o el compromiso fácil.

Comunicación abierta. Los miembros del equipo se sienten libres de expresar sus sentimientos en cuanto a las tareas, y también sobre el funcionamiento del grupo. Hay pocos planes ocultos. Se tiene comunicación tanto dentro como fuera de las reuniones.

Roles y responsabilidades claros. Hay expectativas claras en cuanto al rol de cada miembro del equipo. Cuando se toma acción, las responsabilidades claras se toman, se aceptan y se realizan. El trabajo se distribuye equitativamente entre los miembros del equipo.

Liderazgo compartido. Aunque el equipo tiene un líder formal, las funciones de liderazgo varían de

tiempo en tiempo, dependiendo de las circunstancias, de las necesidades del grupo, y de las habilidades de los miembros. El líder formal ejemplifica la conducta adecuada, y ayuda fijar normas positivas.
Relaciones externas. El equipo dedica tiempo para cultivar relaciones externas clave, movilizar recursos y desarrollar credibilidad con actores importantes en otras partes de la organización.
Diversidad de estilos. El equipo tiene un amplio espectro de tipos de jugadores.
Autoevaluación. Periódicamente, el equipo hace un alto para examinar qué tal está funcionando, y lo que pueda estar obstaculizando su efectividad.[1]

Para tratar de revertir la tendencia de los compradores estadounidenses de hacer compras de importaciones, la compañía Ford Motors dio un paso audaz. Ideó un automóvil de tamaño mediano, y lo fabricó de una manera totalmente nueva. Tradicionalmente, los diseñadores de la Ford hacían esbozos y los daban a conocer a los departamentos de producción. El departamento de ventas recibía el producto terminado, y tenía que pensar en la manera de venderlo.

Esta vez, se formó un equipo para manejar el proyecto desde cero. Los jefes de los departamentos fueron reunidos, y se les pidió que hicieran una lista de sugerencias en cuanto al vehículo ideal. A partir de ese punto, el equipo de producción se puso en acción para poner en práctica las sugerencias del equipo de establecimiento de la visión. El resultado fue uno de los productos de mejor venta en toda la historia de la Ford. En los primeros cuatro años se vendieron más de un millón del galardonado Taurus.

De haber trabajado solos, esos expertos no habrían tenido éxito. Pero al trabajar como un equipo, esas mismas talentosas personas lograron su objetivo a las mil maravillas. ¿Por qué razón? Porque, en palabras de Bill Walton: "Un equipo derrotará siempre a una sola persona."

BUSQUE LOS INGREDIENTES CLAVE

La revista Bottom Line enumera los ingredientes que tienen en común todos los equipos exitosos.[2]

Un propósito común. En primer lugar, el líder infunde un sentido de propósito común. Ray Stanto, presidente de Analog Devices Line, dice: "El líder debe crear un sentido de propósito, una claridad de visión, y una convicción de que las personas del equipo son de primera línea. Se crea sinergia cuando cada miembro del equipo es partícipe de la visión del equipo.

Metas como equipo. En segundo lugar, todas las metas se convierten en metas del equipo. ¡A menos que todo el equipo gane, nadie gana! Los logros individuales están bien para los libros de récords, pero ellos son, en realidad, una reflexión tardía. Los Boston Celtics (Celtas de Boston) ganaron dieciséis campeonatos de la Asociación Nacional de Básquetbol de EE.UU., y nunca tuvieron siquiera una vez en la lista del equipo, el nombre del mejor anotador de la liga. Los buenos líderes hablan en primera persona plural: "Necesitamos…", "El plazo que tenemos…", "La tarea delante de nosotros…"

Libertad individual. En tercer lugar, se celebra la individualidad. El trabajo en equipo no niega la individualidad. Todo hombre tiene una personalidad única, habilidades diferentes, y esperanzas y temores concretos. La campeona olímpica Mary Lou Retton dijo en cierta ocasión: "Un líder inteligente recordará esas diferencias, las valorará y las utilizará para provecho del equipo."

Responsabilidad compartida. En cuarto lugar, se comparten la responsabilidad personal y la responsabilidad colectiva. Los proyectos son propiedad del equipo. Las soluciones pueden surgir del grupo, y la participación debe ser bienvenida. Pero no deben venir decisiones dictadas o impuestas desde arriba. El equipo debe resolver el problema.

Honor y aceptación de culpa compartidos. En quinto lugar, el honor compartido está acompañado por la aceptación de la culpa. Cuando el equipo hace un buen papel, todo el equipo se beneficia. Comparta el honor, ya sea mediante una felicitación pública, un bono, o un comentario escrito en el boletín de la iglesia. Cualquiera que sea la forma que tome el reconocimiento, cada miembro del grupo debe recibir una parte generoso del mismo. Al Abrour, el ex entrenador de los Islanders de Nueva York, solía decir en cuanto a su estilo de entrenamiento: "Alabo en público, critico en privado."

Creación de confianza. En sexto lugar, la creación de confianza es una labor continua. Un líder brillante cree firmemente en el equipo. Cuando un líder está comunicando siempre confianza positiva al grupo, se desarrolla en los miembros del equipo el sentimiento de que ellos no quieren decepcionar al líder o al grupo.

Una estrategia de éxito

- Diseñar una fórmula para ganar.
- Posicionar a las personas para el éxito.
- Enfocarse en la victoria
- Hacer cambios hoy para poder ganar mañana.

RESUELVAN LOS PROBLEMAS JUNTOS

Una de las funciones más importantes de los equipos muy efectivos, es encontrar dirección y resolver los problemas, juntos. Los equipos pueden encontrar mejores respuestas a sus problemas utilizando un sencillo proceso de ocho pasos:

- Hablen sobre la historia de la situación.
- Establezcan un plan de acción.
- Identifiquen los escollos potenciales.
- Dialoguen en cuanto a las estrategias posibles.
- Pregunten: "¿Cuál será el camino a seguir más efectivo?"
- Compartan la información con el equipo.

- ¡Comiencen de inmediato!
- Vigilen de cerca y revisen los resultados.

Robert B. Maddux recomienda que a cada nivel de la organización se enseñen procedimientos para la solución de problemas. Él recomienda el proceso que sigue a continuación.[3]

Plantee el supuesto problema. En primer lugar, diga lo que *parece* ser el problema. El problema real no saldrá a la superficie hasta que se tengan todos los hechos y sean analizados. Por tanto, comience con una suposición que puede ser confirmada o rectificada después.

Junte información. Luego, junte los hechos, así como los sentimientos y las opiniones. ¿Qué sucedió? ¿Dónde, cuándo y cómo ocurrió? ¿Cuál es el tamaño, el alcance y la severidad "reales" del problema? ¿Quién está siendo afectado por él? ¿Es probable que suceda otra vez? ¿Necesita realmente ser corregido? El tiempo y el gasto pueden exigir que los solucionadores de problemas mediten bien en la necesidad actual, y den prioridad a cuestiones más importantes.

Replantee el problema. Después, presente otra vez el problema, reiterando los hechos que pueden ofrecer más datos en torno al mismo. El problema real puede ser o no el mismo que fue identificado al comienzo.

Identifique las soluciones. A continuación, identifique las posibles alternativas de solución. Generen ideas. No elimine ninguna solución posible hasta que hayan sido consideradas varias.

Evalúe las alternativas. ¿Qué alternativas ofrecen la mejor solución? ¿Cuáles son los riesgos? ¿Se ajustan los costos a los beneficios? ¿La solución creará nuevos problemas?

Implemente la decisión. Pase luego a la acción siguiente. ¿Quiénes deben involucrarse? ¿Hasta qué punto? ¿Cómo, cuándo y dónde? ¿A quiénes afectará la decisión? ¿Qué pudiera salir mal? ¿Cómo se presentarán y verificarán los resultados?

Evalúe los resultados. Por último, examine la solución a la luz de los resultados deseados. Modifique la solución si se necesitan mejores resultados.

MODELE LO MEJOR DE LO MEJOR

Un buen ejemplo de equipos de acción para el ministerio altamente efectivos, es el que ofrece la Iglesia Presbiteriana Reformada de Glasgow. Esa iglesia utiliza equipos de evangelización basados en casas que funcionan como iglesias, como su principal herramienta para alcanzar a los perdidos. Para hacer esto, ha creado dos equipos específicos.

Eventos para conocer personas. Llamados AME (las siglas en inglés de Acquaintance-making Events), estas reuniones se tienen con el propósito de presentar a otros miembros de iglesias, a amigos que no asisten a una iglesia. Estos eventos se realizan, por lo general, con grupos más grandes (de más de ocho personas), nunca de manera personal, de uno a uno. Se planifican y organizan con antelación. Los AME son reuniones sociales, tales como picnics, parrilladas, fiestas, agasajos y tés vespertinos. Normalmente se realizan fuera de la iglesia. Su propósito es simple: Ayudar a desarrollar una relación en tres direcciones, o un puente de amistad entre el miembro de la iglesia, su amigo no salvo y que no asiste a ninguna iglesia, y los miembros regulares del grupo. Cuando se planifican estos AME, los laicos tienen que recordar cuatro reglas básicas:

Asegurarse de invitar a amigos no salvos y que no asisten a ninguna iglesia, cada vez que el grupo tenga una actividad social.

Tener cuidado de no ser demasiado agresivos.

Asegurarse de mezclarse con todos, y no ignorar a los asistentes por primera vez.

Ser pacientes.

Actividades para fortalecer relaciones. Llamadas RSA (las siglas en inglés de Relationship-Strengthening Activities), estas actividades tienen el propósito de desarrollar, cultivar, fortalecer y aumentar relaciones de confianza entre amigos que no asisten a una iglesia, y los miembros de la iglesia. Estas actividades tienen lugar en grupos más pequeños (de cuatro personas o menos), o incluso de manera personal, de uno a uno.

Las RSA son más informales que los AME en el sentido de que son menos planificadas, más espontáneas, y pueden consistir en actividades tales como ir de compras, cenar afuera o ver un juego en la televisión. Cuando se involucran en las RSA, los laicos deben evitar estar a la expectativa toda la tarde esperando el momento perfecto para dar un giro a la conversación para presentar el evangelio. En vez de ello, deben dejar que Dios muestre la oportunidad en el momento natural. Deben ser buenos testigos en todo momento en cuanto a hospitalidad, conducta y manera de vestir. No deben condenar o descalificar el estilo de vida de los amigos.

Este método evita que los cristianos tengan que hacer solos, de manera individual, el esfuerzo de cumplir con la Gran Comisión. El grupo trabaja junto como un equipo de evangelización en el que todos se apoyan mutuamente, oran por sus amigos perdidos, y crean el ambiente de amistad que se necesita para presentar a Cristo y la iglesia a personas nuevas. Los eventos para conocer personas y las actividades para fortalecer relaciones, son maneras excelentes de traer a la esfera de influencia de la iglesia, a quienes tienen inquietudes espirituales, y también a quienes no las tienen.

APRENDA DEL EQUIPO DE COPA AMÉRICA DE VELA

La competencia de la Copa América de Vela pone frente a frente a los mejores navegantes del mundo contra las fuerzas de la naturaleza, exigiendo de ellos su mayor esfuerzo cuando representan a sus diversos países. Sin una tripulación, los mejores esfuerzos de esta competencia de yates serían en vano. La embarcación simplemente no podría hacerse a la vela por sí sola. Y sin un capitán, a la tripulación le faltaría la dirección necesaria para realizar su tarea.

Lo mismo sucede con el pastor-capacitador y el ministerio con equipos. Al igual que los ministerios de alcance AME y RSA mencionados, los pastores necesitan que los laicos traigan sus amigos a la iglesia para que escuchen los sermones que han preparado. Del mismo modo, los laicos necesitan que los pastores prediquen esos sermones a los amigos que ellos han traído a la iglesia. El pastor y los laicos (el capitán y la tripulación) necesitan trabajar juntos. Un trabajo de equipo bien coordinado es la clave para un ministerio de la iglesia efectivo.

Así como el capitán del yate anima a la tripulación para que hagan su tarea lo mejor posible, los pastores-instructores deben tomar la iniciativa de moldear su congregación para que sea un equipo de ministerio excelente. A su vez, el pastor-capacitador debe estar dispuesto a aceptar que Dios lo moldee para dar respuesta de la mejor manera posible a las necesidades de la congregación.

SOLUCIÓN DE PROBLEMAS

Michael Costa, el famoso director de orquesta, estaba teniendo un ensayo. Cuando el grandioso coro resonó, acompañado por cientos de instrumentos, el flautín pensó que podía no tocar sin ser notado, ya que se estaba tocando tanta música. De repente, el gran líder de la orquesta se detuvo, y gritó: "¿Dónde está el flautín?" El sonido de ese pequeño instrumento era necesario para la armonía total de la partitura, y el oído del experto director lo echó de menos cuando no tocó. Lo mismo sucede con su congregación. Cada parte de ella, incluyendo la de usted mismo, tiene que tocar, y tocar en armonía, o toda la congregación sufrirá.

Pero ¿y si una parte toca de manera desafinada o no toca en absoluto, debido a una disensión? Todo su duro trabajo como pastor-capacitador pudiera estar en peligro. A veces, el cambio al trabajo con equipos puede darse sin complicaciones, pero puede ser destruido por problemas internos. Los líderes sabios estarán alertas a estos obstáculos al éxito del ministerio con equipos. La medicina preventiva es siempre la mejor política.

Los líderes eficientes de equipos de ministerios nunca esperan hasta que las cosas se conviertan en un gran obstáculo para tomar medidas. Esté pendiente de estas señales de problemas, y proponga remedios para que los obstáculos al éxito puedan ser superados antes de que dañen el ministerio de su iglesia.

ESTÉ ATENTO A LAS SEÑALES DE PELIGRO

Un buen líder de equipo debe tener la capacidad de reconocer los síntomas de problemas dentro del grupo. Tim Rudlaff ofrece las siguientes diez señales de que su equipo está teniendo dificultades subyacentes que necesitan ser enfrentadas.[4]

1. **Las reuniones se vuelven formales y tensas.** Preocúpese si los miembros del equipo parecen no estar relajados en las reuniones. Los miembros del equipo deben ser creativos y dinámicos cuando están juntos. *Remedio:* Inicie todas las reuniones con oración, diciendo algo que rompa el hielo, y con un episodio humorístico.
2. **Los compañeros del equipo participan, pero no logran mucho.** Cuando los miembros del equipo disfrutan de la interacción social, pero no logran hacer mucho, esta es una señal de advertencia. *Remedio*: Designe a un líder de equipo que sea emprendedor.
3. **Los compañeros del equipo hablan pero no comunican.** Algunas personas no quieren escuchar, solo quieren hablar. Las comunicaciones en el equipo deben ser un dar y recibir interactivo. *Remedio*: Pida al equipo que hagan un resumen de lo que se ha dicho. Nombre a un miembro del equipo como anotador de toda la información importante que se diga.
4. **Las disputas se resuelven en privado después de las reuniones del equipo.** Los buenos equipos tienen discusiones francas en cuanto a sus diferencias. Las discusiones privadas de asuntos del equipo crean desconfianza rápidamente. *Remedio*: Los comentarios y las

sugerencias deben hacerse solamente cuando todo el equipo esté presente.

5. **El líder del equipo toma la mayor parte de las decisiones.** Esto puede suceder si el líder es muy agresivo o los miembros del equipo son muy callados. Cada miembro necesita dar su contribución, es por eso que se llama un equipo. *Remedio*: Pida al líder del equipo que mantenga una lista de los involucrados en el proceso, y que la comparta con el pastor principal cada mes.

6. **Los compañeros del equipo no se tienen confianza entre sí.** Cuando un equipo está comenzando, puede esperarse esto. Sin embargo, la falta de confianza es un problema serio. *Remedio*: Designe solamente a líderes seguros.

7. **Hay una confusión en cuanto a los roles del ministerio.** Siempre que haya malentendidos o conflictos en cuanto a las tareas, hay que aclarar las cosas de inmediato. *Remedio*: Distribuya hojas con todas las descripciones de las tareas del ministerio.

8. **Los compañeros del equipo avergüenzan o critican a otros públicamente.** Si hay verdadera necesidad de hablar de algo o de hacer alguna crítica, eso debe hacerse en privado, nunca delante de otros miembros del equipo. *Remedio*: Confronte a los líderes del equipo con cariño e interés. Enfatice la importancia de respetar a los miembros del equipo del ministerio.

9. **Lo prometido no se cumple.** Esto, por lo general, indica falta de confianza o un espíritu de indiferencia hacia el equipo, y eso erosiona la moral. *Remedio*: Establezca líneas de responsabilidad, y pida información actualizada periódica.

10. **No se guardan las confidencias. Esto hace que los miembros del equipo pierdan el respeto unos con otros.** Se volverán reacios a hablar por temor de lo que sus compañeros de equipo harán con la información. *Remedio*: ¡Consiga un nuevo líder de equipo de inmediato!

En él también vosotros, habiendo oído la palabra de verdad, el evangelio de vuestra salvación, y habiendo creído en él, fuisteis sellados con el Espíritu Santo de la promesa, que es las arras de nuestra herencia hasta la redención de la posesión adquirida, para alabanza de su gloria. Por esta causa también yo, habiendo oído de vuestra fe en el Señor Jesús, y de vuestro amor para con todos los santos, no ceso de dar gracias por vosotros, haciendo memoria de vosotros en mis oraciones, para que el Dios de nuestro Señor Jesucristo, el Padre de gloria, os dé espíritu de sabiduría y de revelación en el conocimiento de él (Ef 1.13-17).

EVITE LA IMPOSICIÓN DE DONES

La imposición de dones es el acto de imponer a la fuerza a otra persona el don que alguien tiene, e intentar obligarla a actuar como si ese fuera su don. Por ejemplo, los impositores de dones quieren que todo el cuerpo sea "ojo", o algún otro miembro. Esas personas no reconocen la diversidad del cuerpo de Cristo, y por eso obligan a otros cristianos a servir en posiciones para las cuales Dios no les ha dado el don.

Los impositores de dones dan la impresión de que el área del ministerio para la cual Dios le ha dado el don y responsabilizado, es superior a la de todos los demás. De hecho, algunos no solamente dan sutilmente la impresión sino que también dicen abiertamente que sus dones son los únicos que cuentan. Pueden incluso, creer que solamente hay un don, y ese es el don que ellos tienen. Los impositores de dones reparten mucha frustración, desánimo y falsos sentimientos de culpa entre los demás del equipo de ministerio.

Los impositores de dones también utilizan los sentimientos de culpa para imponer a la fuerza sus dones a los demás. Tratan de hacer sentir a los demás que no están bien con Dios a menos que se involucren en el mismo ministerio que están ellos. Por ejemplo, algunas personas tienen el don de la evangelización. Son motivadas y consumidas por el deseo de dirigir personalmente a las personas a Cristo. Testifican con tratados, confrontan a las personas en la calle, en los consultorios médicos, en el autobús, dondequiera y en cualquier momento que puedan. Cuando estos evangelistas encuentran a otros cristianos que tienen otro don, el don de servicio o el don de misericordia, por ejemplo, y ven que esas personas no están en las calles evangelizando como ellas, los acusan de no sentir "carga por las almas".

En realidad, la evaluación de ese evangelista puede estar muy lejos de la verdad. Alguien con el don de misericordia puede, realmente, haber sido responsable de que muchos hayan venido a Cristo. Y esta persona que sirve puede haber abierto puertas que el evangelista habría deseado abrir. Ningún creyente que utiliza bien su don debe sentirse culpable por no tener el mismo don que otra persona.

Los impositores de dones actúan básicamente de dos maneras: Primero, tratan de convencer a los demás de la gran carga que ellos tienen; y segundo, tratan de convencer a otros repitiendo su mensaje, se convierten en banjos de una sola cuerda, repitiendo el mismo tema semana tras semana. Esto ahuyenta a muchos obreros potenciales, y hace que quienes se queden piensen que el don o el ministerio del impositor de dones es lo único que importa.

El remedio para este problema es hablar con la persona que está imponiendo su don a los demás. El consejo que sigue es bueno, tanto para el impositor del don, como para la persona que pueda sentir que le está siendo impuesto:

Todos tenemos héroes en la obra de Dios, personas que consideramos grandes y distinguidas por sus posiciones y sus logros. Pero Dios ha llamado a cada persona a hacer algo especial. La iglesia necesita la manifestación de cada don. Usted es responsable por el don que Dios le ha dado, no por el llamamiento que Él ha hecho en la vida de otra persona.

Para que el impositor de dones entienda su lugar especial en el ministerio, es aconsejable que el pastor-capacitador ayude a esa persona a entender varios principios importantes en cuanto al uso de los dones:

Hacer lo que Dios la ha llamado a hacer.

Hacer de su ministerio personal un auténtico motivo de oración, permitiendo que Dios le revele el lugar que Él le tiene en el ministerio.

No puede permitirse que una persona imponga su don a otra, y la persona no debe apoyarse en alguien, o dejarse dominar por alguien, que tenga su mismo don.

No ser ciego a los dones de los demás, pero tampoco codiciar los dones que Dios ha dado a alguien. Él no se equivocó cuando le dio a usted el don que tiene (vea 1 Co 12.18).

Es fácil caer en las trampas de Satanás. Éste se especializa en hacer que las personas vayan a extremos en cuanto a lo malo, en detrimento de lo bueno. Gran parte de los sentimientos de culpa asociados con el ministerio cristiano, no es producto de la convicción dada por el Espíritu Santo, sino la culpa falsa generada por no vivir a la altura de las expectativas de los demás.

PRESTE ATENCIÓN AL PROBLEMA DE CONTROLAR

A medida que crezca la iglesia, el ministerio directo del pastor debe disminuir, y el de la congregación debe aumentar. Esto será especialmente difícil para los pastores que tienen la necesidad de controlar. La gestión piramidal, dominante y dictatorial, ya no está vigente en la sociedad de hoy. No hay espacio para el pastor-mandamás. La disposición del pastor de avanzar hacia el ministerio con equipos es crucial para la efectividad del ministerio de una iglesia.

Los muy conocidos rasgos básicos de la personalidad, explicados por Florence Littauer, revelarán si el pastor tiene el problema de controlar. Examine esta características, y evalúese honestamente a sí mismo.

Flemático

El flemático encuentra fácil dejar que otros lideren. Por esto, el flemático necesita a veces asumir más control de lo que realmente quiere.

Melancólico
El melancólico se pierde fácilmente en detalles triviales, y puede crear confusión y dificultades innecesarias a los líderes de equipos.

Sanguíneo
El sanguíneo solo quiere pasar un rato agradable. ¡La vida es una fiesta! Quiere que todo el mundo esté feliz, y tiene la tendencia a interesarse más en charlar y hacer amigos, que liderar realmente.

Colérico
El colérico tiene la tendencia a ser mandón, y le resulta difícil soltar las riendas. Por ejemplo, esta persona puede convertirse en un pastor-controlador con las características siguientes.

El pastor-controlador
Tiene una mentalidad de Llanero Solitario. "Nadie lo hace como yo."

- Limita la toma de decisiones a un pequeño círculo íntimo.
- Es egocéntrico. "Nadie se preocupa por las personas como yo." Por ejemplo, el pastor-controlador rara vez permite que otros hagan visitas a los hospitales, porque ellos reciben agradecimiento por hacer este tipo de ministerio.
- Ejerce presión para imponer sus planes personales.
- Tiene una mentalidad fiscalizadora que da como resultado una conducta criticona y negativa. Está pendiente de los errores, en vez de animar y servir como recurso.
- Es inflexible con los cronogramas, los programas y las innovaciones. "O se hace como yo digo, o no se hace."
- El remedio para el pastor-controlador es enfocarse en llegar a ser un pastor-capacitador que exhiba estas características:

- Participa en la solución de problemas, promueve la visión, dirige equipos, y toma decisiones.
- Desarrolla directrices en cuanto a cómo funcionarán los equipos.
- Valora las capacidades que tienen los miembros de equipo.
- Cumple los acuerdos.
- Comunica la misión.
- Es flexible.
- Escucha y entiende la dinámica de los equipos.
- Hace que el ministerio se oriente a las personas.
- Utiliza la Palabra de Dios como guía el ministerio. (Vea Hechos 6 como un ejemplo de renunciar al control, y de dejar que otros sirvan.)
- Ayuda a los cristianos a crecer en madurez.

CREE CONFIANZA

Algunas veces, el pastor encuentra difícil renunciar al control debido a un problema de confianza, y la confianza es un factor muy importante en el cultivo de equipos eficientes. Charles Handy menciona siete principios en cuanto a la confianza, que ayudarán al pastor-controlador a implementar equipos de acción para el ministerio como pastor-capacitador.[5]

La confianza no es ciega

Para confiar en las personas, tenemos que conocerlas. Dedique tiempo para cultivar relaciones y nexos con personas laicas.

La confianza exige aprendizaje

Debemos estar abiertos a ideas nuevas para fortalecer nuestros equipos. Debemos ser capaces de discernir, de saber cuándo ofrecer opiniones, y cuándo no.

La confianza no es fácil

Ganarse la confianza de la congregación puede tomar tiempo y esfuerzos. Asimismo, toma tiempo y esfuerzos brindar confianza a los laicos. Pídale a Dios que le dé la seguridad para confiar en ellos.

TENGA CUIDADO CON EL EGOCENTRISMO

Ruth N. Kock y Kenneth C. Haughk cuentan un incidente que tuvo lugar en la carrera de Tom Landry, ex entrenador principal de los Dallas Cowboys. Éste estaba amonestando a sus jugadores después de un partido, en cuanto a sus diversas payasadas después de cada tanto marcado. Uno había bailado, otro se había contoneado, y otro había incluso escupido el balón.

Landry dijo con voz severa: "¡Actúen como si hubieran estado en la zona de anotación antes!" El entrenador quería que sus jugadores fueran vistos como miembros del equipo competentes, no como unos individuos fanfarrones.

Nada destruirá más rápidamente el trabajo en equipo para el ministerio, que el egocentrismo entre sus miembros. Hace varios años el compositor y cantante Lionel Richie escribió y produjo la popular canción "We Are the World" (Somos el mundo). Invitó a las figuras de mayor renombre de la industria de la música a cooperar en la producción del disco con el fin de recaudar dinero para las personas hambrientas. El día de la grabación, colocó un aviso junto a la entrada al estudio, que decía: "Deje su ego en la puerta." El mensaje de Richie era claro: El éxito del disco dependía de cada uno, trabajando unidos para una causa común, en vez de simplemente promocionarse a sí mismos.

De la misma manera, los líderes de equipos para el ministerio necesitan entender que el momento en que se revela la naturaleza esencial de sus vidas, puede muy bien ocurrir en el contexto del triunfo de un equipo, no en sus logros individuales. Pat Riley, entrenador del equipo de básquetbol del

Miami Heat, dijo una vez: "La verdad que me mueve, es que un excelente trabajo en equipo es la única manera de alcanzar nuestro momentos grandiosos, de crear los hitos que definen nuestra carrera, y de llenar nuestras vidas de una sensación de significado permanente."

CREE UNA ATMÓSFERA DE RECONOCIMIENTO

En Alaska no se dan palmeras. Allí hace demasiado frío. Las plantas tropicales necesitan calor. Las orquídeas no prosperan en el desierto. Es demasiado seco. Las flores delicadas necesitan mucha humedad. Si usted quiere que una planta se desarrolle, debe proporcionarle la atmósfera apropiada.

¿Le resulta obvio esto? No siempre. Muchos líderes tratan de desarrollar un equipo sin proporcionarle el clima adecuado. Los miembros de los equipos necesitan reconocimiento para triunfar. Niégueles aprecio, y se secarán más rápidamente que un lirio tigre en Túnez. Pero deles abundante estímulo, y se desarrollarán tan fuertes como las secuoyas, y se multiplicarán como los calabacines.

He aquí cómo crear una atmósfera de reconocimiento en su equipo.

Celebre los éxitos

Usted ha estado ejerciendo presión durante semanas en cuanto a un gran proyecto. Los miembros del equipo echaron el bofe, pero el esfuerzo valió la pena. Llegó el gran día suyo sin un problema. Ya todo terminó, ¿verdad?

No del todo. Como líder, usted tiene un trabajo más que hacer: Celebrar este éxito con el equipo.

Nunca deje que un éxito pase sin pena ni gloria. Cuando se alcancen objetivos pequeños, llame la atención a los mismos en las reuniones de su personal, o escriba correos electrónico de elogio. Cuando se alcancen objetivos grandes, tengan un gran festejo. Haga una fiesta para el equipo, lleve al personal a cenar, o deles un bono. Cuando su equipo tenga un triunfo, celébrelo.

Alabe en privado

Dé un ejemplo de reconocimiento, estimulando a cada miembro del equipo de manera individual. Haga uso abundante de tarjetas, correos electrónicos o llamadas telefónicas, que digan: "Te aprecio." Esas expresiones de ánimo no solamente motivarán a sus voluntarios, sino que también marcarán la pauta en cuanto al aliciente. ¡Usted notará pronto que los miembros de su personal estarán haciendo lo mismo con sus compañeros de equipos, y con usted!

Alabe en público

Usted enseñará el estímulo cuando alabe a los miembros del equipo frente a todos los demás. Permita que ellos sepan que sus compañeros están haciendo una contribución valiosa. Enséñales que ellos deben alabar el éxito de sus compañeros de equipo. Mencione sus logros en las reuniones del personal. Que otros vean que reconoce el triunfo de un compañero de equipo. Sea justo e imparcial, sin hacer favoritismo; y tenga cuidado de no provocar envidias. Simplemente, deje que cada miembro sepa que usted aprecia la contribución de los demás.

Preste atención a las necesidades y progresos del equipo

Su alabanza sonará insincera si no está basada en la realidad. Decir: "Estás haciendo un trabajo excelente" no tendrá sentido para un voluntario que está luchando con lo que hace. Manténgase conectado. Observe los triunfos y los fracasos de los miembros de su equipo, y deles ánimo según el caso. Preguntarles: "¿Cómo podemos aprender justos de este revés?", puede ser tan fortalecedor como alabar un éxito.

No olvide observar los éxitos personales y las luchas de su equipo. Recuerde sus cumpleaños. Pregúnteles por sus familias. Muéstreles interés por su salud personal. Cuando los miembros del equipo sepan que usted está al tanto de sus necesidades, tendrán confianza en usted como su líder.

Trate al personal a sueldo como si fueran voluntarios
Su personal a sueldo son voluntarios, en realidad. Cada uno de ellos podría estar ganando más dinero trabajando en otro lugar. Trabajan para la iglesia y para usted, porque creen en lo que están haciendo. Deles el mismo refuerzo positivo que usted daría a los maestros de la escuela bíblica. Dígales que el trabajo que hacen es importante. Déjeles saber que aprecia la presencia de ellos y su contribución. Ellos entonces se esforzarán más en su trabajo; y usted lucirá más inteligente a los ojos de ellos.

Cultive un estilo de reconocimiento
¿Es usted una fuente de estímulo? Algunas personas no lo son. Su perspectiva pesimista de la vida llega hasta sus relaciones. Desmoralizan a los demás por estar pensando todo el tiempo en problemas, nunca en alabar.

Cultive un estilo personal que contribuya al éxito de los demás. Mire a los miembros de su equipo a los ojos, y escuche lo que digan. Pregúnteles cómo están, y qué necesitan. Diga a menudo cosas como: "Te aprecio", "gracias", y "buen trabajo". Su estilo personal marcará la pauta para su equipo.

Consejos para crear un equipo

- Descubra y desarrolle los mejores talentos que pueda.
- Dé premios al final de un proyecto del equipo.
- Lidere con el ejemplo.
- Recalque la importancia de tener hábitos de trabajo disciplinados.
- Gánese la lealtad de los miembros del equipo al hacerlos sentir que son especiales.
- Oriente a otros, y multiplicará la eficiencia del equipo.
- Seleccione a los líderes basándose en su compromiso con Jesucristo.

- Trate con discreción los desacuerdos en el equipo.
- Instruya a los miembros del equipo en cuanto a sus dones espirituales, y a cómo descubrir sus cualidades personales únicas.
- Haga hincapié en las relaciones en el equipo, y reste importancia a las reglas.
- Sea un modelo de simpatía e interés.
- Reclute a las personas para ministerios específicos.

CONSEJO PRÁCTICO

Cómo contratar el personal idóneo

Los miembros del personal hacen la diferencia entre el éxito o el fracaso de una iglesia local. Aunque los pastores están encargados de contratar y dirigir el personal, y también de reclutar y dirigir a los voluntarios, la mayoría de ellos reciben poca o no reciben ninguna capacitación en cuanto a cómo reclutar, entrevistar, seleccionar y dirigir el trabajo de otros. Para tener una ayuda, paso a paso, de todas las fases de este importante aspecto del ministerio, vea el *Practical Guide to Hiring Staff* [Guía práctica para contratación de personal], de Stan Toler.

CAPÍTULO 6
UN MODELO DE EQUIPOS DE ACCIÓN PARA EL MINISTERIO

Cuando hubieron orado, el lugar en que estaban congregados tembló; y todos fueron llenos del Espíritu Santo, y hablaban con denuedo la palabra de Dios. Y la multitud de los que habían creído era de un corazón y un alma; y ninguno decía ser suyo propio nada de lo que poseía, sino que tenían todas las cosas en común. Y con gran poder los apóstoles daban testimonio de la resurrección del Señor Jesús, y abundante gracia era sobre todos ellos. Así que no había entre ellos ningún necesitado; porque todos los que poseían heredades o casas, las vendían, y traían el precio de lo vendido. (Hch 4.31-34)

Dos hombres iban montados en una bicicleta hecha para dos. Todo parecía ir bien hasta que comenzaron a subir por una colina empinada, y allí comenzó la dificultad. Cuando llegaron a la cima, el hombre que ocupaba el primer asiento respiraba con dificultad. Miró hacia atrás a su compañero, y le dijo: "Esta colina me ha dejado medio muerto." El hombre que estaba en el segundo asiento dijo: "Tienes razón —y si yo no hubiera mantenido pisado el freno todo el tiempo, ¡habríamos rodado hasta el fondo de la colina!"

Esta divertida historia nos da una perspectiva en cuanto al ministerio en la iglesia. Cuando se trata de hacer cambios, por ejemplo, algunas personas sienten que están simplemente cumpliendo con su deber cuando tratan aplicar los frenos a cada pizca de avance hacia arriba que se proponga.

La iglesia donde crecí, en Columbus, Ohio, cerró hace varios años. Apenas treinta años antes de que eso ocurriera, la iglesia estaba en su mejor momento, como una de las más grandes de la ciudad. ¿Cuál fue su error? Se estaban dando cambios en la comunidad que había a su alrededor, y la iglesia aplicó frenos al cambio.

Visité la iglesia nueve meses antes de que cerrara sus puertas. Mis padres permanecieron en la iglesia hasta su último servicio. Mientras estuve allí, observé varias cosas. Por ejemplo, siguieron con las mismas tradiciones no esenciales, sin prestar atención a lo que estaba haciendo el resto de las iglesias del mundo. Tenían una escuela bíblica, como tienen muchas iglesias florecientes. Pero, en vez de modernizar el programa para adecuarlo a los tiempos, siguieron con la misma apertura que habían tenido desde que yo era un adolescente, incluyendo el canto de la canción de cumpleaños, y la distribución de lápices. No había básicamente nada malo en estas tradiciones, excepto que todas parecían haber perdido totalmente el contacto con las personas que estaban comparando a la iglesia con otra iglesia cercana, que había afinado su ministerio para dirigirlo específicamente a las necesidades del presente.

Me complace que mi primera iglesia nunca cambió su fe en la Palabra de Dios, los sacramentos de la iglesia, o los principios fundamentos de la fe. Esos principios esenciales tienen que ser nuestra ancla en los tiempos de cambio. Pero ninguno de ellos hizo que esa iglesia cambiara su presentación de las cosas fundamentales. Aplicar los cambios al cambio puede ser su ruina.

MÉTODOS NUEVOS PARA UN DÍA NUEVO

Robert Kriegel escribió un libro titulado *If Ain't Broke, Break It!* [¡Si no está roto, rómpelo!]. Estaba dirigido a la Norteamérica empresarial. El libro exploraba los conceptos de trabajar de manera más inteligente, y la idea de dar rienda suelta al pensamiento creativo en la fuerza laboral. Sin duda, la iglesia puede aprender algunas cosas en cuanto a la relevancia del mundo mercantil. Hay tiempos cuando necesitamos romper nuestras tradiciones no esenciales.

Cuando fui entrenado para compartir mi fe con los demás, usábamos el método de confrontación en la evangelización. Hoy, las personas no responden a ese estilo tal fácilmente, como sí responden al método relacional. Ministrar en el siglo XXI exige crear puentes relacionales para ganar las almas. Las relaciones donde exista la confianza son la clave para alcanzar a las personas para Cristo, y para que se adhieran a la iglesia de Él. Cinco características específicas indican si hay algo que "romper" en una iglesia:

- La iglesia está enfocada en sí misma, en vez de las necesidades del mundo a su alrededor.
- Hay un conflicto permanente entre los miembros de la iglesia, que los mantiene enfrentados unos a otros.
- Las personas carecen de visión espiritual, y no tienen ninguna visión para el futuro de la iglesia.
- La membrecía se ha estancado o está disminuyendo.
- Las instalaciones están descuidadas. (¡Un problema fácil de remediar!).

Una investigación hecha por el experto en crecimiento de iglesias, Win Arns, revela que, como se dijo antes, cuantas más relaciones tenga una persona en la iglesia, más inclinada estará a mantenerse en ella. Y a la inversa, cuantas menos relaciones tenga en la iglesia, menos probable será que se quede en ella. O. J. Bryson llama esto *La regla de los siete*. Cuando un miembro de la iglesia tiene siete buenos amigos en una iglesia, es poco probable que se vaya de ella. Como dice Elmer Towns: "Las relaciones es el pegamento que hace que las personas se mantengan unidas a la iglesia."

Otra investigación demuestra que el 86% de quienes aceptan a Cristo y se unen a una iglesia, lo hacen por la influencia de un amigo o de un familiar, por la influencia de una relación efectiva. En esencia, cuantas más relaciones tengan las personas sin interés en asuntos espirituales con quienes asisten a una iglesia, mayor será la oportunidad de que se vuelvan receptivas al evangelio. Por lo tanto, si quiero que mi amigo que no asiste a ninguna iglesia crea en Cristo y asista a la mía, debo lograr que mi amigo entable una relación de confianza con el mayor número posible de mis amigos que asisten a la iglesia.

LA VISIÓN

Cuando yo (Stan) acepté el pastorado de la iglesia Trinity Church of the Nazarene, de Oklahoma City, recibí una iglesia con una excelente historia de sesenta y tres años, que había tenido buenos pastores, y con una trayectoria exitosa de ministerio en la comunidad.

Busqué la dirección del Señor para acentuar esa cualidad. Por medio de la investigación y el asesoramiento, comencé a ver la necesidad de entrenar a líderes que compartieran la visión que Dios me había dado para la iglesia. En el proceso, descubrí algunos principios prácticos que me permitieron continuar desarrollando una congregación creciente y vigorosa.

LA PREPARACIÓN ES LA CLAVE PARA HACER CRECER LA IGLESIA

Las iglesias no crecerán si no se las prepara para crecer. Las iglesias no "pescan" el crecimiento como se pesca un resfriado; se aseguran de ir más lejos espiritual, financiera y numéricamente que antes. La preparación es importante en cualquier esfuerzo. Malcolm Fleschner escribe:

La preparación es parte del secreto del éxito de la superestrella del hockey, Wayne Gretzky. Él es, sin duda alguna, el más grande jugador de hockey sobre hielo de todos los tiempos. El 23 de marzo de 1994, Gretzky marcó el gol número 802 de su carrera, rompiendo el único récord de goles que se mantenían fuera de su dominio. En total, Gretzky tiene ahora récords en más de 60 juegos, temporadas, *playoffs*, y profesionales. En la década de 1980, Gretzky ganó el trofeo de jugador más valioso de la Liga Nacional de Hockey durante nueve de esos diez años. Ningún deportista en cualquier otro deporte en la historia se ha acercado a esta clase de dominio. Gordie Howe, dueño del récord, necesitó veintiséis años para atravesar la portería con el disco para anotar ese número de goles. Gretzy lo hizo en quince.

Pero uno no habría pensado eso al verlo. Tiene más estatura que el jugador promedio de hockey, que es de 1,8m, y con 77 kilos, pesa menos, también, que el jugador promedio. No patina particularmente de manera rápida o con elegancia, sus disparos no son espectaculares, y en las pruebas de fuerza hechas a cada miembro de su equipo, Gretzky siempre quedaba en el último lugar. Entonces, ¿qué hacía tan grande al Grande?

Gretzky atribuye a su padre muchas lecciones esenciales, desde la práctica de agarre del palo en la temporada baja con una pelota de tenis (las pelotas de tenis son más difíciles de controlar que los discos, y enseñan cómo pegar a cualquier cosa en el aire), hasta intentar lo poco convencional.

"En las prácticas" –dice él–, "trato de hacer cosas raras, como rebotar el disco hacia el lado de la portería, a un compañero de equipo. Practiqué esto tanto, que ahora puedo hacerlo en cualquier dirección. Lo mismo sucede con los laterales. La gente dice que hay solamente seis hombres en el hielo, pero, en realidad, si uno usa el ángulo de desviación fuera del lateral, hay siete. Si uno cuenta la portería, eso hace que sean ocho. Desde el primer juego con el equipo contrario, siempre pienso que los tenemos bajo nuestro control, ocho a seis." Gretzky es el miembro mejor preparado de su equipo.[6]

ONCE PASOS PARA EL CRECIMIENTO

Durante mi primer año como pastor de la iglesia Trinity, dimos algunos pasos concretos y planificados de antemano para lanzar una visión nueva. Los pasos que siguen a continuación detallan lo que hizo nuestro equipo de visión para el ministerio con el fin de poner en actividad a la iglesia.

Paso 1: Asambleas públicas

Cada domingo por la noche, y durante cuatro semanas, tuvimos lo que llamamos "asambleas públicas" en vez de nuestro servicio nocturno dominical. Once líderes del equipo eran capacitados en métodos de asesoramiento y evaluación de grupos pequeños; se les pedía que leyeran el libro *Una iglesia con propósito*, de Rick Warren; y se daba un tiempo específico para la consideración de asuntos en cada reunión. Además, los líderes del equipo se reunían cada miércoles por la noche para considerar lo que había sucedido en las reuniones de sus grupos pequeños. Basándose en los comentarios y sugerencias de la congregación, estábamos preparados para seguir adelante en el ministerio.

Paso 2: Declaración de misión

El equipo de visión para el ministerio refina la declaración de misión de la iglesia. Se tuvo la preocupación de incluir un vocabulario que reflejara la Gran Comisión y el Gran Mandamiento. Esto fue lo que propusimos:

Nuestra misión es hacer discípulos más parecidos a Cristo en nuestra ciudad y en la nación.

Paso 3: Refinamiento de la visión

Luego, se implementó una visión para extender nuestro ministerio al siglo XXI. Esta visión se centró en la idea de SERVING (*servir*, en inglés) y estuvo enfocada en los cinco aspectos clave que están en el corazón de toda iglesia local.

Nos visualizamos:

    S Solicitar (buscar) con diligencia a Dios
    E Extender gracia
    R Recibir dirección
    V Ver el futuro
    I Involucrar a las personas
    N Nutrir la vida
    G Dar (*give*) con generosidad

Nos enfocamos en:

Adoración: Dedicarnos a buscar a Dios
Compañerismo: Extender la gracia de Dios a otros (evangelización)
Discipulado: Crecer justos para llegar a parecernos a Cristo
Mayordomía: Compartir, dando local y mundialmente
Cooperación: Utilizar nuestras capacidades para servir a los demás.

Paso 4: Esclarecimiento de valores

Después creamos una declaración de valores que nos mantuvieran firmes en un tiempo de cambio.

Nuestros valores esenciales

- Valoramos personas perdidas (Lc 19.10).
- Valoramos la integridad personal (Proverbios 10.9).
- Valoramos la adoración colectiva (Heb 10.15).
- Valoramos la Palabra de Dios (Dt 6.6-9).
- Valoramos los dones del pueblo de Dios (Ef 4.11-13).
- Valoramos la sana comunión (1Jn 1.7).
- Valoramos la familia de Dios (Sal 133.1).

Paso 5: Implementación de los equipos de acción para el ministerio

El sistema de comités fue cambiado completamente para crear los equipos de acción para el ministerio. Puesto que todo equipo excelente tiene una descripción clara de las tareas para los miembros del equipo, como parte de mi proceso organizacional en la iglesia Trinity me reuní con todos los comités y sus presidentes, para tener su acuerdo en cuanto al papel de un equipo en la iglesia. Con la ayuda del pastor Jeffrey Johnson, intenté definir con toda claridad la tarea de los equipos. A los equipos recién organizados se les dio autoridad para actuar, y para utilizar los fondos de acuerdo con el presupuesto existente. Se les dio libertad para que realizaran su ministerio basándose en el plan de nuestra nueva visión. (Las descripciones de los equipos de acción para el ministerio se presentan más adelante en este capítulo.)

Paso 6: Enfoque en la inclusión

Se diseñó y construyó un centro de bienvenida para atender las necesidades de nuestros invitados. Se crearon paquetes de información para dar a nuestros visitantes especiales cada domingo.

Paso 7: Comunicación amplia

Se dio inicio a una clase de bienvenida a cargo del pastor, con el propósito de comunicar nuestra visión de alcanzar a nuestra comunidad para Cristo. Decidimos que nuestra comunidad necesitaba saber no solamente qué era la iglesia Trinity Church of the Nazarene, sino también por qué estaba allí.

Paso 8: Inclusión deliberada

Nuestro equipo de ministerio de compañerismo comenzó un desayuno-almuerzo del pastor, que se tenía después del culto de adoración del domingo, cada sesenta días. Todos los visitantes que hubieran asistido a la iglesia durante los dos meses anteriores, eran invitados a tener esta comida con el personal ministerial y líderes laicos clave.

Paso 9: Mejoras en cuanto al discipulado
El discipulado y los grupos pequeños experimentaron algunos cambios innovadores. Se añadió una clase para generación de excelencia, como también clases electivas especiales adicionales.

Paso 10: Capacitación para el liderazgo
Se brindaron oportunidades de capacitación cultural y para el liderazgo, en la forma del instituto para preparar a los laicos (LITE, por sus siglas en inglés), y de capacitación estratégica para el liderazgo avanzado (SALT, por sus siglas en inglés). Estas oportunidades para la capacitación comenzaron a ponernos en actividad para llegar a ser una organización para la enseñanza.

Paso 11: Perfeccionamiento de la adoración
El servicio de adoración tradicional recibió una renovación. Incluyó la mezcla de himnos y coros de alabanza en nuestra adoración.

Cuatro preguntas clave
Durante estos importantes pasos, mantuvimos cuatro preguntas clave frente a los líderes de los equipos para el ministerio:

- ¿Quiénes somos, y cuáles son nuestras convicciones y valores?
- ¿Cuáles son nuestras posibilidades demográficas en cuanto a la evangelización?
- Si creemos que estamos viviendo en los tiempos del fin, ¿estamos dispuestos a trabajar conforme a esta realidad?
- ¿Pertenece a Dios esta iglesia o a un grupo controlador interno?

EL EQUIPO DE VISIÓN DEL MINISTERIO

Por último, comenzamos a redefinir el papel de la junta directiva de la iglesia. Mi primer objetivo fue dejar de ocuparnos de asuntos pequeños e irrelevantes, para convertirnos en un equipo de planificación de la visión. Las afirmaciones que siguen a continuación nos ayudaron a hacer esa transición de manera efectiva.

Propósito del equipo de visión del ministerio
El propósito del equipo de visión del ministerio es dar dirección a la vida y al ministerio de esta iglesia, para cumplir con la misión de la iglesia, tal como fue declarado por Cristo. Cumplir este propósito implicará:

> *Ministerio.* Desarrollar y mantener un programa de la iglesia que sea sólido, equilibrado y edificante, y que ministre a las necesidades de todos los grupos de edades, para que todos puedan crecer y madurar en el discipulado.
> *Evangelización.* Desarrollar y mantener un programa concreto que involucre a nuestra gente en la actividad de evangelización de la iglesia. Hacer esto exigirá que brindemos la capacitación, la ayuda y la dirección necesarias para lograr el máximo efecto.
> *Instalaciones.* Adquirir y mantener instalaciones que sean funcionales, de tamaño adecuado, y que estén suficientemente equipadas.
> *Finanzas.* Desarrollar y mantener un programa de apoyo económico que sea lo suficientemente sólido para financiar estos programas e instalaciones.

Organización del equipo de visión del ministerio
Para asegurarse de que se dé atención efectiva a cada una de estas áreas, este equipo estará organizado de la manera siguiente:

Por dieciséis miembros de la junta directiva de la iglesia y tres miembros de ministerios especializados.

Los miembros de ministerios especializados son el líder del equipo de misiones, el líder del equipo de jóvenes, y líder de los ministerios de escuela bíblica y discipulado.

El equipo elegirá oficiales de su propio seno mediante votación con papeletas. Estos oficiales servirán como secretario y tesorero.

Miembros de la junta directiva serán nombrados para servir en uno de los equipos de ministerios. Los cinco equipos de acción para el ministerio son:

- Mayordomía
- Adoración
- Compañerismo
- Cooperación
- Discipulado

Los tres departamentos auxiliares se estructurarán de acuerdo con los requerimientos de la denominación.

Los miembros del equipo están limitados a un máximo de tres períodos consecutivos de un año de servicio, después de los cuales deberán alternarse por un año en el equipo de visión del ministerio. Se espera que las personas que dejen de formar parte del equipo, se involucren en el trabajo de los subcomités. El tiempo de duración de tres años en el cargo incluye a los miembros de ministerios especializados.

Responsabilidades del equipo de visión del ministerio
El equipo de visión del ministerio se reunirá mensualmente para escuchar informes, revisar las actas, realizar una revisión de cuentas anual, analizar las estadísticas, reexaminar los planes, y tomar las medidas adecuadas en cuanto a la operación general de la iglesia. Se prevé la asistencia del equipo a cada reunión mensual.

Renuncia como presidente de la junta directiva

Una de las tareas que yo más detestaba como pastor, era servir como presidente de la junta directiva de la iglesia. Nunca me ha gustado presidir reuniones. Sinceramente, hablo demasiado para ser presidente. Además, tengo la inclinación a ser sensible cuando miembros de la junta critican un asunto específico.

Finalmente resolví la cuestión "renunciando" como presidente de la junta, y nombrando a un competente laico en mi lugar. Aunque, técnicamente, yo seguía siendo el presidente, dejé que mi designado funcionara en mi lugar. Llegué a darme cuenta de que las personas no me estaban criticando en las reuniones de junta, sino simplemente tratando de lidiar con áreas de la iglesia que necesitaban ayuda. Eran quienes se preocupan lo suficiente para señalar los problemas. Entonces decidí que un laico que presidiera las reuniones podía asumir la responsabilidad mejor que yo. Para mi sorpresa, descubrí que la mayoría de los miembros de la junta eran más amables y corteses con sus colegas.

Al saber yo que no tenía que presidir en todas las reuniones, y ni siquiera estar presente (empecé a asistir a la mayoría de ellas), tuve una gran sensación de alivio para realizar el ministerio. Más que nunca antes, podía desempeñar mis mejores dones.

Me apresuro a señalar que yo seguía teniendo un papel principal en las reuniones de la junta de la iglesia, que ahora llamábamos la reunión del equipo de visión del ministerio. Mi papel era lanzar la visión. Por consiguiente, trataba de no dejarme atrapar nunca por otros asuntos, sabiendo que mi papel era dirigir al equipo a un nuevo nivel de ministerio.

Las estructuras de gobierno de las iglesias locales de algunas denominaciones pueden prohibir a los pastores que dejen que un laico presida la reunión de la junta directiva de la iglesia. Los pastores están avisados de buscar el asesoramiento de sus supervisores antes de hacer un cambio en la estructura de la junta de la iglesia.

El líder del equipo de visión del ministerio

Ahora que he mencionado el uso del presidente de una junta, me gustaría describir el rol de este líder de visión del ministerio. La descripción de trabajo que sigue, ha sido escrita para este importante líder de equipo en la iglesia Trinity Church of the Nazarene. El líder del equipo de visión del ministerio realizará las siguientes funciones.

> *Servir por un tiempo específico.* Liderar al equipo de visión del ministerio durante un año.
>
> *Auxiliar al pastor.* Servir como ayudante del pastor en el equipo ejecutivo del ministerio.
>
> *Fijar la agenda.* Preparar la agenda para la reunión del equipo de visión del ministerio, después de la reunión del equipo ejecutivo del ministerio, con la aprobación del pastor principal, y con su asesoramiento para más asuntos que requieran una acción.
>
> *Asumir el cuidado del personal.* Auxiliar al pastor principal en la vigilancia y cuidado del personal y de sus familias.
>
> *Desarrollar liderazgo.* Dedicar tiempo de la más alta calidad para animar a los líderes de los equipos y a sus diversos comités.
>
> *Asumir responsabilidades legales.* Firmar documentos, cheques y otros papeles de la iglesia, según corresponda.
>
> *Cumplir con la programación de las reuniones.* Convocar al equipo de visión del ministerio con la aprobación del pastor principal y/o del superintendente en ausencia del pastor principal. Sin tal aprobación no se convocará ninguna reunión del equipo de visión del ministerio.
>
> *Dirigir las reuniones.* Presidir cualquier reunión de los directivos convocada especialmente. Las reuniones deben hacerse con la aprobación del pastor principal

y, de ser posible, en una fecha cuando éste pueda asistir, pues él, dada esta función, es el presidente de todas las juntas y comités de la iglesia local.

Asumir el liderazgo general. Ayudar al pastor con los asuntos y actividades de la iglesia, con amor y lealtad para todos.

DESCRIPCIONES DE TRABAJO DEL EQUIPO DE ACCIÓN PARA EL MINISTERIO

Después de instalar al líder del equipo de la junta directiva de la iglesia, el asunto que siguió en importancia fue la utilización de los equipos de acción para el ministerio y los líderes. Se creó un equipo para cada una de las cinco áreas mencionadas antes (mayordomía, adoración, compañerismo, cooperación y discipulado).

Los líderes
Después de muchas reuniones de los comités de estudio de la iglesia Trinity, pudimos crear la siguiente descripción de trabajo para los líderes de nuestro equipo.

Nombramiento y tiempo de servicio. Los líderes del equipo de acción para al ministerio serán nombrados por el pastor. Este nombramiento será para servir un año. Los líderes del equipo de acción para el ministerio pueden ser nombrados para servir más de un año, pero no pueden dirigir el mismo equipo por dos años consecutivos. Esto no incluye al equipo de acción para el ministerio de mayordomía.

Presentación de informes. Cada líder de equipo preparará un reporte mensual para el equipo ejecutivo del ministerio, y para el equipo de visión del ministerio.

Aprobación de gastos. Todo líder de equipo tiene la responsabilidad de someter al equipo ejecutivo del mi-

nisterio cualquier gasto extra que necesite aprobación.
Preparación de la agenda. La información mensual presentada por los líderes de los equipos constituirá la agenda de la reunión siguiente de equipo de visión para el ministerio.
Reuniones del equipo. Los líderes de los equipos deben reunirse mensualmente con sus compañeros de equipo. Nunca deben tener reuniones que no apunten a nada. Si no hay razon para tenerlas es mejor cancelarlas.

Los equipos

Todo líder necesita un equipo. Lo que sigue a continuación explica las expectativas que determiné para los equipos de acción para el ministerio.

Membrecía. Cada equipo estará constituido por un líder y al menos por dos miembros.
Reuniones. Se espera que cada equipo se reúna una vez al mes. El líder tiene la responsabilidad de comunicar la hora, la fecha y el lugar de cada reunión.
Finanzas. Cada equipo tendrá normas financieras, recomendadas por el comité de acción del ministerio de mayordomía, y ratificadas por el equipo de visión del ministerio, que da autoridad a cada equipo a tomar decisiones financieras no sujetas a la aprobación del equipo de visión del ministerio. Cada equipo tendrá un límite en cuanto a gastos, lo que requerirá que ciertos desembolsos sean aprobados por el equipo ejecutivo del ministerio.
Estructura. Los comités auxiliares, sea de jóvenes, misiones o escuela bíblica, deberán ser estructurados de acuerdo con los requerimientos del Manual. A cada uno de los presidentes y superintendentes de estos comités auxiliares se le asignará un líder de equipo

de acción del ministerio, para ayudarlos en su ministerio cuando sea necesario.

Involucramiento. La meta es el involucramiento. Midan el éxito de las actividades por el número de personas que involucran en el proceso. Cada equipo tiene la responsabilidad de involucrar a miembros que no pertenezcan a la junta, y a los que asisten a la iglesia, para que sirvan en los equipos de ministerio.

MODELO DE EQUIPO DE ACCIÓN PARA EL MINISTERIO

Puesto que he estado hablando del ministerio en términos generales, el siguiente ejemplo de nuestro equipo de acción del ministerio de colaboración, puede ofrecer lineamientos para los equipos que usted decida desarrollar.

Propósito del equipo

El propósito del equipo de acción del ministerio de colaboración, es encargarse del mantenimiento, el mejoramiento y el aprovechamiento de todas las propiedades y equipos de la iglesia, para asegurarse de tener instalaciones adecuadas y funcionales, para dar respuesta a las necesidades de todo el programa; y asegurarse asimismo del crecimiento de la iglesia local bajo el equipo de acción del ministerio de cooperación.

Pregunta de orientación

¿Cómo podemos equipar y mantener todas nuestras instalaciones, para ofrecer el mejor ambiente posible para nuestros ministerios locales?

Responsabilidades del equipo

- Encargarse del mantenimiento y mejoramiento de todas las edificaciones de la iglesia, manteniéndolas atractivas y funcionales todo el tiempo.

- Encargarse del mantenimiento y mejoramiento de todos los terrenos, del césped y la maleza, supervisar las mejoras en las áreas verdes, y asegurarse de que se tomen todos los cuidados necesarios según cada estación del año.
- Encargarse del cuidado y conservación de todos los equipos de mantenimiento y de los vehículos de la iglesia, y mantener un inventario actualizado de ellos.
- Recomendar, con la aprobación del equipo de visión del ministerio, la política en cuanto al uso de todas las instalaciones y equipos, y hacer una revisión periódica de la política vigente para asegurarse de hacer las actualizaciones o los cambios adecuados.
- Supervisar el trabajo de todo el personal de mantenimiento.
- Encargarse de mantener la seguridad del edificio de la iglesia.
- Prever la necesidad de equipos adicionales, y recomendar, con la aprobación del equipo de visión mensual, la adquisición de más equipos cuando sea necesario.
- Encargarse de que la iglesia tenga la cobertura de un seguro apropiado.
- Preparar un proyecto de presupuesto y presentarlo al equipo de ministerio ejecutivo, que elabora el presupuesto anual de la iglesia.

MODELO DE LÍDER DE EQUIPO DE MINISTERIO

Todo equipo necesita un líder, y es de gran importancia definir las responsabilidades de ese líder para el éxito del equipo. He aquí un modelo de descripción del líder de equipo de acción del ministerio de colaboración.

Propósito

Supervisar el involucramiento de muchas personas en el mantenimiento, el mejoramiento y el aprovechamiento de todas las propiedades y equipos de la iglesia, para asegurarse de tener instalaciones adecuadas y funcionales, para dar respuesta a las necesidades de todo el programa, y del crecimiento de la iglesia.

Función
Estimular, reclutar y designar el personal necesario para proporcionar el mejor ambiente posible a los ministerios de la iglesia.

Responsabilidades
- Tener reuniones mensuales del equipo de ministerio de edificaciones y propiedades, e informar al equipo de visión del ministerio.
- Designar al líder de los ministerios de:
- Mantenimiento
- Seguridad
- Equipos
- Automóviles
- Seguro, políticas y supervisión de mantenimiento de las instalaciones
- Mejoras de la propiedad
- Equipamiento de la oficina
- Feria del ministerio de laicos
- Supervisar la planificación y la mayordomía financiera en las áreas de ministerio abarcadas por este equipo.
- Coordinar la planificación de las áreas de ministerio abarcadas por este equipo, en cooperación con el personal ministerial.
- Reunirse mensualmente con el equipo de ministerio ejecutivo.

EL ROL DE PERSONAL MINISTERIAL

¿Dónde encaja, entonces, el personal pagado en todo esto? La respuesta es sencilla: Son parte del equipo de ministerio de la iglesia, y deben aprender a trabajar con los líderes del equipo de acción del ministerio. No hay lugar para Llaneros Solitarios en el equipo. Cada miembro del equipo ministerial se acerca al líder de un equipo, y se les pide que ayuden y animen a los servidores laicos con quienes trabaja. La descripción de trabajo que sigue ha proporcionado orientación al liderazgo remunerado de Trinity.

Expectativas en cuanto a los miembros del personal ministerial

- El pastor principal y el personal se reunirán regularmente cada semana para tratar los asuntos espirituales y administrativos de la iglesia.
- El personal trabajará con los líderes pertinentes del equipo de acción del ministerio, para facilitar sus ministerios individuales.
- El equipo de ministerio ejecutivo y los equipos de acción para el ministerio deberán trabajar con el personal para facilitar los ministerios del personal también.
- El personal pedirá a su líder del equipo de acción para el ministerio, la aprobación de cualquier gasto extra.
- El líder del equipo tiene la responsabilidad de llevar este asunto al equipo apropiado, o al equipo de ministerio ejecutivo, de ser necesario.
- El pastor es responsable siempre del personal y de sus ministerios individuales. El involucramiento de los líderes del equipo de acción para el ministerio no anula la responsabilidad del pastor en cuanto al personal.

El equipo modelo

Es sumamente importante que los miembros del personal remunerado sean un modelo de trabajo en equipo y de responsabilidad para los equipos de ministerios de laicos. El diseño de descripción del ministerio citado anteriormente, reflejó nuestro diseño de trabajar juntos con los líderes del equipo de la iglesia en Trinity. Los ministerios de adoración, compañerismo, discipulado, mayordomía y cooperación, no tuvieron ningún problema porque nuestros compañeros de equipo en el ministerio tenían definidos claramente sus roles y sus descripciones de trabajo. ¡Los líderes capacitados y con una comprensión clara de sus responsabilidades en el ministerio, son una poderosa ayuda en la edificación del Reino!

Debemos dar la bienvenida al futuro, recordando que pronto se convertirá en pasado; y debemos respetar el pasado, recordado que fue una vez todo lo que era humanamente posible. George Santayana

UNA PALABRA FINAL: MANTÉNGASE UNIDOS

Quizás usted ha escuchado la historia de la cuadrilla de Boy Scouts que se reunieron para hacer su excursión a pie por el bosque. Salieron al amanecer, y comenzaron un arduo viaje de quince millas a través de algunos de los lugares más hermosos del campo. Alrededor de las once, llegaron a una parte abandonada de una vía ferroviaria. Cada uno, a su vez, trató de caminar por sobre los angostos rieles, pero después de apenas unos pocos pasos vacilantes, todos perdían el equilibrio y se caían.

Después de ver que uno tras otro se caía de los rieles, dos de los chicos hicieron una apuesta al resto del grupo. Los dos apostaron que ambos podrían hacer todo el recorrido de la vía sin caerse ni una sola vez.

Los otros muchachos se rieron, y dijeron: "¡Qué va! ¡Imposible!" Ante este reto, y para cumplir con su fanfarronería, los dos chicos saltaron a los rieles contrarios, y simplemente se tomaron de las manos para equilibrarse mutuamente; de esa manera recorrieron todo el trecho de la vía sin ninguna dificultad.

La moraleja de la historia es que, las tareas al parecer imposibles, son más fáciles de hacer cuando estamos dispuestos a trabajar juntos. Para evitar caernos, necesitamos extender la mano a nuestros compañeros de equipo, y nunca soltarlas.

Estoy consciente de que algunos de ustedes estarán implementando estos cambios dentro del contexto de una iglesia pequeña o de tamaño mediano, y de que la tarea puede parecer imposible. Pero no se desanime. Yo he tenido esa experiencia, y he aprendido que el mejor método es comenzar a hacer gradualmente los cambios que pueda. Los otros cambios vendrán con el tiempo. Aunque usted puede formar al principio solamente tres equipos de acción para el ministerio, tome las manos de sus laicos con dones, y comience a echar a andar por ese riel.

Sugerencias para la formación de equipos

- Pida comentarios y sugerencias para compartirlos con todo el equipo.
- Lleve a todo el equipo a un seminario sobre liderazgo.
- Cree una atmósfera propia a la comunicación abierta.
- Recuerde que los miembros del equipo no cumplirán algunas veces.
- Enseñe Efesios 4.11, 12 al equipo.
- Renuncie como director general del universo, y deje que Dios guíe al equipo.

CONSEJO PRÁCTICO

Para crear políticas y procedimientos efectivos
El funcionamiento tranquilo de una iglesia local no ocurre por accidente o casualidad. Surge de maneras de actuar cuidadosamente planificadas. La elaboración de buenas políticas y procedimientos y, sí, incluso de formularios, es muy importante para mantener funcionando como deben, los equipos de ministerio y otros aspectos de la vida iglesia. Para tener una guía completa en cuanto a la operación tranquila en el ministerio de una iglesia local, incluyendo modelos de declaraciones de propósito, de políticas, y de formularios, vea *Church Operations Manual: A Step-by-Step Guide to Effective Church Managament* [Manual de actividades de la iglesia: Una guía ilustrada para la efectiva gestión de la iglesia], por Stan Toler.

NOTAS

Capítulo 1

Ronald E. Merrill and Henry D. Sedgwick, *INC* magazine, Agosto 1994.
R. Daniel Reeves, *Ministry Advantage* 8, No. 1.
The MacIntosh Growth Network Newsletter, Diciembre 1998.

Capítulo 3

Pastor's Family, February-March, 1997.
J. Winston Pearce, *Planning Your Preaching* (Nashville: Broadman Press, 1987).
Peter Drucker, *The Effective Executive* (New York: Harper & Row, 1966), 75.
James B. Miller, *The Corporate Coach* (New York: Harper Collins Publishing, 1993), 126–27.

Capítulo 4

Marlene Wilson, "Turning Pewsitters into Players," *Leadership Journal,* otoño de 1996.

Robert B. Maddux, *Team Building: An Exercise in Leadership* (Los Altos, Calif.: Crisp Publishing, 1992), 11.

Chris Russell "Effective Delegation," *Today's Christian Preacher*, summer 1997).

John C. Maxwell, *Developing the Leaders Around You* (Nashville: Thomas Nelson Publishers, 1995), 9.

Og Mandino, *Og Mandino's University of Success* (New York: Bantam Books, 1982).

Capítulo 5

Glenn M. Parker, *Team Players and Teamwork* (San Francisco: Jossey-Bass Publishers, 1996), 81.

Bottom Line, vol. 1, no. 3.

Maddux, *Team Building*, 19.

Adaptado de Tim Radlaff, *CopyFast Print Shop Newsletter*, 1999.

Charles Handy, *The Hungry Spirit: Beyond Capitalism, A Quest for Purpose in the Modern World* (New York: Broadway Books, 1999).

Ruth N. Koch y Kenneth C. Haugk, *Speaking the Truth in Love* (St. Louis: Stephen Ministries, 1992).

Capítulo 6

1. Malcolm Fleschner, "Take Your Best Shot," *Personal Selling Power* (July-August, 1994), 72.

EN CUANTO A LOS AUTORES

Stan Toler es superintendente general de la Iglesia del Nazareno. Sirvió antes, durante cuarenta años, como pastor en Ohio, Florida, Tennessee y Oklahoma. El Dr. Toler ha escrito más de ochenta libros, Editorial Patmos ha publicado:

> *Ministerio pastoral: Una guía práctica*
> *Piense y cambie su vida*
> *Calidad total en la vida*
> *Momentos de motivación para líderes*
> *Momentos de motivación para maestros*

Por muchos años sirvió como vicepresidente del Instituto de Liderazgo John C. Maxwell, dando seminarios y capacitando a líderes de iglesias y del mundo empresarial para marcar la diferencia en el mundo. Con su esposa, Linda, educadora, tienen dos hijos casados y dos nietos.

Larry Gilbert es fundador y director general de Ephesians Four Ministries [Ministerios Efesios 4], la empresa principal de Church Growth Institute [Instituto para el Crecimiento de la Iglesia], que ha publicado sus numerosos recursos en cuanto al ministerio con equipos, basándose en los dones espirituales. Hasta la fecha, su best seller Team Ministry Spiritual Gifts Inventory [Inventario de dones espirituales del ministerio con equipos] ha ayudado a casi cinco millones de personas a descubrir sus dones espirituales dominantes.